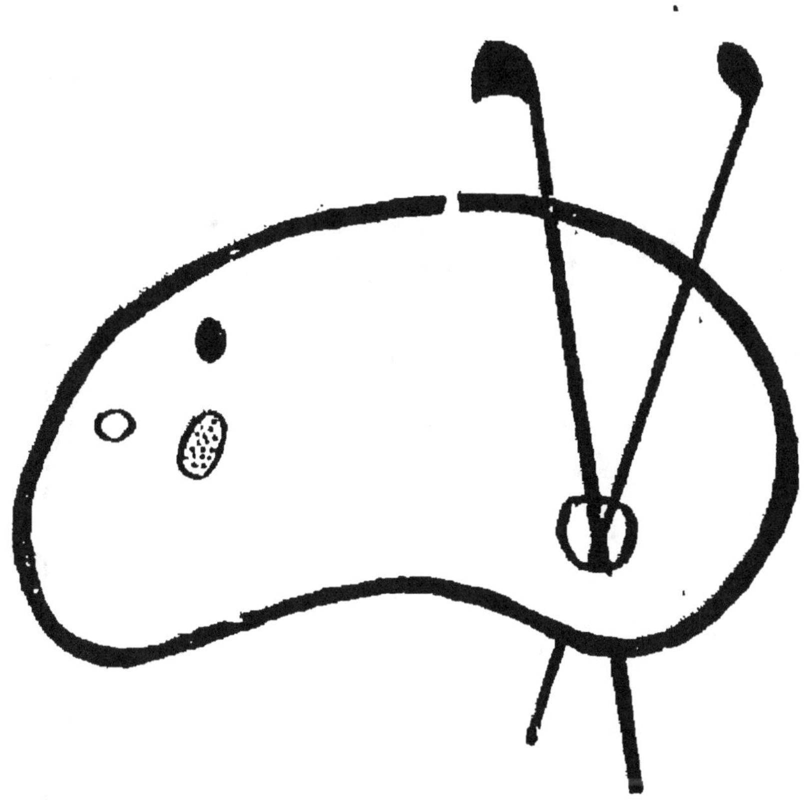

DÉBUT D'UNE SÉRIE DE DOCUMENTS
EN COULEUR

ENSEIGNEMENT SUPÉRIEUR LIBRE

INSTITUT CATHOLIQUE DE PARIS

DROIT ROMAIN

PROGRAMME DÉVELOPPÉ DU COURS

PROFESSEUR : L. J. CLOTET

PARIS

SECRÉTARIAT DE L'INSTITUT CATHOLIQUE

RUE DE VAUGIRARD, 74

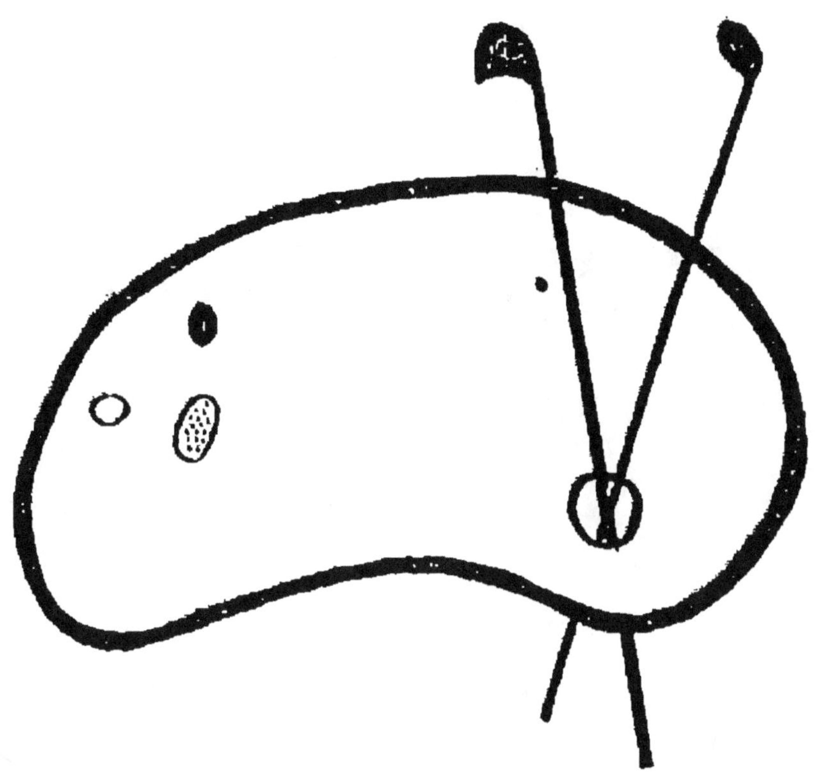

FIN D'UNE SÉRIE DE DOCUMENTS
EN COULEUR

ENSEIGNEMENT SUPÉRIEUR LIBRE

INSTITUT CATHOLIQUE DE PARIS

DROIT ROMAIN

PROGRAMME DÉVELOPPÉ DU COURS

PROFESSEUR : L. J. CLOTET

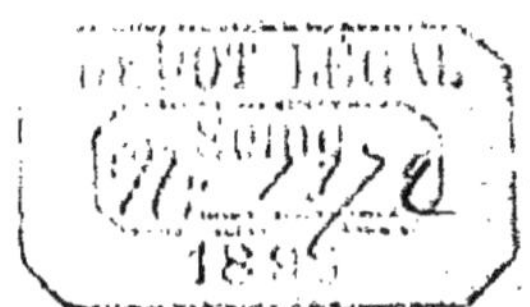

PARIS

SECRÉTARIAT DE L'INSTITUT CATHOLIQUE

RUE DE VAUGIRARD, 74

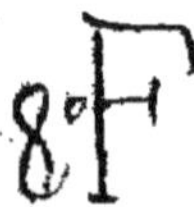

PROGRAMME

DU COURS DE DROIT ROMAIN

INTRODUCTION HISTORIQUE

I. — LE DROIT EN GÉNÉRAL

Le droit est la faculté reconnue à l'homme, dans ses rapports avec ses semblables, de résister aux actes qui s'opposent à l'accomplissement de sa fin dans ce monde. On distingue : 1° le *droit naturel*, révélé par la conscience et qui est une partie de la morale ; 2° le *droit positif* établi par le législateur humain. Il se subdivise en droit *privé*, qui règle les rapports des particuliers entre eux, et en droit *public*, qui s'applique à leurs relations avec l'État. Théoriquement le droit positif devrait être seulement la proclamation et l'organisation du droit naturel ; mais il s'en écarte plus ou moins selon les temps et les pays, et le droit romain plus qu'aucun autre présente de nombreuses et importantes particularités.

II. — LE PEUPLE ROMAIN

Rome a commencé par être une petite cité barbare pour devenir un puissant empire. La nation romaine s'est constituée par la réunion de trois couches distinctes de population qui ont fini par se confondre complètement.

1° Les *patriciens*, aristocratie de 300 familles ou *gentes* unies par un culte commun et que les traditions anciennes représentent comme une colonie d'Albe. Ils étaient groupés en 30 curies, réunies elles-mêmes en trois tribus, que les augmentations successives de la cité portèrent plus tard à 35.

2° Les *plébéiens*, masse confuse mais toujours croissante,

composée des autochthones assujettis, de déclassés d'esclaves fugitifs, à qui le fondateur de Rome avait ouvert un asile. De bonne heure en lutte avec les patriciens, ils acquirent l'égalité *civile* avec les Douze Tables, puis peu à peu l'égalité *politique*.

3° Les *peuples vaincus* : Quelques-uns obtinrent immédiatement la cité ; mais la plupart, sous le nom d'*alliés* et de *provinciaux*, demeuraient les sujets de Rome. L'Italie tout entière devint romaine après la *guerre sociale*, et le reste de l'empire obtint le même avantage par la *constitution d'Antonin Caracalla*.

III. — LA CONSTITUTION ROMAINE

La constitution romaine se transforma en même temps que s'accrut le nombre des Romains. Rome n'était d'abord qu'une confédération des familles originaires et représenta à la fin un grand État fortement centralisé. On peut distinguer 4 périodes dans l'histoire de cette transformation.

1re période. *La Royauté*. On y trouve en germe les éléments qui devaient plus tard se développer : 1° une assemblée générale ou comices par *curies*, où ne figuraient que les patriciens ; 2° le Sénat de 300 membres composé des chefs de famille patricienne, ou *patres* ; 3° un roi élu et viager représentant la principale magistrature primitive.

2e période. *La République*. La souveraineté y appartient au peuple qui l'exerce par lui-même ou par délégation. 1° Les comices par *curies*, où il n'était tenu compte que de la naissance, cèdent la place aux comices par *centuries*, organisés d'après la fortune, et aux comices par *tribus*, auxquels ne prenaient part d'abord que les plébéiens, et dont la base fut longtemps le seul domicile. Les lois curiates, centuriates et les plébiscites ont l'objet le plus varié : décisions judiciaires, mesures de gouvernement ou d'administration, actes privés même, beaucoup plus que prescriptions législatives proprement dites. 2° Les magistratures sont confiées à des titulaires élus pour un an, généralement au nombre de deux et responsables devant le peuple. Les principales sont le consulat, la préture, la censure, l'édilité et la questure, en dehors desquelles le tribunat représente un pouvoir de contrôle, mais non de gouvernement.

3° Le Sénat se compose surtout des magistrats supérieurs sortis de charge. Il a pour principale fonction les finances, la surveillance du culte et les relations extérieures.

Une constitution analogue est reconnue aux autres villes *romaine* (municipes, colonies, préfectures). Les villes *alliées* conservent leur constitution primitive, qui n'en diffère pas sensiblement. Rome forme avec les unes et les autres une confédération sur laquelle elle exerce l'hégémonie.

Les *provinces* conquises sont soumises à l'autorité arbitraire d'un gouverneur envoyé de Rome.

3e période. Le *Haut Empire*, d'Auguste à Constantin. L'exercice de la souveraineté passe du peuple à l'Empereur et au Sénat. 1° L'empereur réunit entre ses mains les attributions des anciens magistrats républicains, dont il ne subsiste plus que le titre. Il les exerce au moyen de fonctionnaires nouveaux, tels que le préfet du prétoire, le préfet de Rome, etc., nommés par lui pour un temps illimité. 2° Les comices disparaissent. 3° Le sénat, entièrement à la discrétion de l'empereur, hérite de leurs attributions, et les lois sont remplacées par des *sénatus-consultes*.

L'ancienne constitution républicaine des villes romaines, dont le nombre s'accroît de plus en plus, est nominalement conservée.

Les provinces se subdivisent en provinces du sénat, encore soumises en apparence à l'ancien régime, et en provinces de César, dont l'empereur a le gouvernement, qu'il fait exercer par des légats.

4e période. Le *Bas-Empire*. — Le gouvernement devient ouvertement monarchique et oriental. Tous les pouvoirs sont concentrés entre les mains de l'empereur. Les Constitutions ou ordonnances impériales remplacent les *sénatus-consultes*, comme les sénatus-consultes avaient au début de l'empire remplacé les lois. L'empire entier est divisé en quatre Préfectures, les Préfectures en Diocèses et les Diocèses en Provinces comprenant chacune un certain nombre de Cités. Le bénéfice de l'organisation municipale est étendu à toutes les cités, mais devient un fardeau redouté à cause des charges qui pèsent sur les magistrats locaux.

La division définitive de l'empire en deux parties, à la mort de Théodose, ne fait pas cesser son unité théorique, et l'empereur d'Orient Justinien fait un instant rentrer sous sa puissance une portion considérable de l'empire d'Occident.

IV. — Les sources du droit romain

Le droit romain subit le même développement que le peuple romain, et il existe plus de différence entre la législation des Douze Tables et celle de Justinien qu'il n'y en a entre la législation de Justinien et le Code civil. L'histoire de cette transformation peut aussi se diviser en quatre périodes répondant à peu près aux quatres périodes de l'histoire politique.

1re période. *Des origines de Rome à la loi des Douze Tables.* Le seul droit existant sert à régler les rapports des familles plus que ceux des individus. Il demeure essentiellement coutumier jusqu'au moment où les progrès des plébéiens et l'usage plus fréquent de l'écriture font éprouver le besoin d'une *Codification* : c'est la législation des Douze Tables, qui est moins un ensemble de prescriptions nouvelles que le recueil de pratiques anciennes. De même que la coutume primitive, dont il n'est que l'expression écrite, ce droit est essentiellement formaliste ; il ne se distingue pas de la morale, et la sanction en est surtout assurée par la religion avec laquelle il se confond encore en partie.

2e période. *De la loi des Douze Tables à la fin de la République.* Le développement de la cité exige celui de la législation. Mais la nature religieuse du droit primitif lui donne un caractère immuable qui n'en permet la réforme que par des moyens plus ou moins détournés. Ce sont :

1° Des Lois ajoutant au fonds primitif sans pouvoir y retrancher ;

2° L'œuvre des *jurisconsultes* ou *prudents* qui s'efforcent de combiner les procédés juridiques anciens pour les appliquer à des cas nouveaux ;

3° L'action des magistrats et en particulier du *préteur*, plus spécialement préposé à l'administration de la justice. Sans prétendre modifier la loi, il en corrige l'application par différents procédés tels que : actions *fictices* et *in factum*, exceptions, restitutions *in integrum*, interdits, etc., dont l'emploi répété aboutit à la création d'un droit nouveau à côté de l'ancien, qui ne subsiste plus que théoriquement.

3ᵉ période. Le *Haut Empire*. L'esprit de réorganisation qui caractérise cette époque, fait sentir le besoin de coordonner et de développer les résultats acquis dans la période précédente : 1° le droit prétorien est définitivement fixé par les soins du sénat qui fait recueillir les édits des magistrats (*edictum Julianum*); 2° l'empereur introduit des réformes en inspirant des *Sénatus-consultes* ou en rendant des *Constitutions* par lesquelles il emploie son pouvoir interprétatif à des réformes législatives; 3° une nouvelle série de jurisconsultes ne cherchent plus de procédés juridiques nouveaux comme les anciens prudents, mais commentent et développent la loi comme les jurisconsultes modernes. Ils se divisent en deux écoles, Sabiniens et Proculiens, et les principaux reçoivent de l'empereur le *jus respondendi publice* ou droit de donner des consultations en son nom. Les perfectionnements techniques obtenus par le droit romain sous l'influence de toutes ces causes ont fait donner à cette période le nom d'*époque classique*.

4ᵉ période. Le *Bas-Empire*. Malgré la perfection à laquelle était parvenu le droit romain, deux faits rendaient nécessaire la continuation de l'œuvre législative : 1° le triomphe du christianisme exigeait la consécration des nouvelles croyances ; 2° la multitude des monuments officiels imposait un travail de codification. L'extension donnée aux règles primitives les avait fait disparaître sous un développement abondant dans lequel on distinguait deux parties : le *Jus* ou développement donné au droit par la jurisprudence, et les *Leges*, c'est-à-dire les constitutions impériales, qui avaient désormais force de lois. C'est par l'action toute-puissante des empereurs que s'accomplit la réforme nécessaire. Au vᵉ siècle, Théodose le Jeune simplifie le *Jus* par la loi dite des Citations et fait réunir les principales *Leges* dans le Code théodosien. Au vɪᵉ siècle, Justinien, reprenant le travail commencé par son prédécesseur, achève la compilation et la refonte de tout le droit romain dans quatre ouvrages considérables : 1° les *Institutes*, ou manuel officiel de droit; 2° le *Digeste* ou *Pandectes*, extraits d'ouvrages juridiques, qui répond au *Jus*; 3° le *Code*, ou recueil de constitutions impériales contenant les *Leges*, et 4° les *Novelles*, par lesquelles il accomplit ses principales innovations. Il y réalise enfin la fusion complète du Droit Civil primitif, du Droit Prétorien et de la Législation impériale. La plus grande partie de ce volumineux recueil contient donc, non des règles nouvelles, mais un droit beaucoup plus ancien, dont une partie était toujours demeurée en vigueur.

En dépit des réformes accomplies, et des efforts de simplification, toute trace du droit primitif n'a pas complètement disparu, et, jusque dans son dernier état, le droit romain comprend deux parties bien distinctes : 1° le *droit strict* dérivé de la loi primitive et de l'œuvre accomplie par les prudents sous la République ; 2° l'équité ou *bona fides* développée par les préteurs, les jurisconsultes classiques et les Empereurs.

PREMIÈRE PARTIE

LES PERSONNES

Les personnes sont les hommes envisagés au point de vue juridique. C'est à elles seulement que les droits peuvent appartenir. Mais elles sont elles-mêmes soumises à certains droits ou droits de famille. Pour appécier la condition des personnes, il faut donc déterminer : 1° leur capacité, c'est-à-dire leur aptitude plus ou moins grande à exercer les différents droits; 2° les droits dont elles peuvent être elles-mêmes l'objet au profit d'autres personnes. Or, à ce double point de vue, leur condition varie nécessairement selon leur situation dans la cité ou en dehors de la cité, leur place dans la famille et enfin leur état physique, intellectuel ou moral. Il en résulte une triple division consacrée par le droit romain.

I

LES PERSONNES DANS LA CITÉ

LE CITOYEN ET L'ÉTRANGER

Le caractère exclusif des sociétés antiques fondées, principalement sur le culte des divinités nationales, a fait établir une différence capitale entre le citoyen et le non-citoyen, c'est-à-dire, à Rome, entre le Romain et l'étranger.

§ 1. — *Le citoyen.*

1. On devient *citoyen romain* par la Naissance ou, postérieurement à la naissance, par la Naturalisation ou l'Affranchissement.

2. Tant que dura la différence entre le citoyen et le non-

romain, le citoyen se distingua de l'étranger par trois catégories de droits, dont l'ensemble constitue le *jus civile* : 1° les droits politiques ou *jus suffragii et honorum*; 2° des droits de famille plus énergiques ou *jus conubii*; 3° des droits patrimoniaux particuliers ou *jus commercii*.

3. Quoique perpétuelle en principe, la qualité de Romain peut cesser par : 1° la perte de la liberté, 2° l'émigration dans une cité étrangère, 3° l'effet de certaines condamnations.

§ 2. — *L'étranger.*

L'étranger à la cité ne possédait à l'origine aucune espèce de droit, à moins qu'il ne se fît le client d'un citoyen romain.

Cette condition fut de tout temps celle des Barbares.

La conquête romaine fit introduire une exception pour les *peregrini*, c'est-à-dire les alliés de Rome et ses sujets.

Deux catégories de droits sont reconnus aux pérégrins : 1° leur droit national, s'il leur a été expressément réservé au moment de l'annexion : 2° le *jus gentium*: ce fut d'abord un droit spécial aux pérégrins, puis après sa fusion dans le droit romain lui-même, la partie de ce droit commune aux Romains et aux pérégrins :

Deux classes de pérégrins ont une condition qui les distingue des peregrins ordinaires.

1° Les Latins, *veteres* ou *coloniarii*, ont le *commercium* et des facilités particulières pour acquérir la cité;

2° Les ἀπολιδες et les déditices, ou peuples qui se sont rendus à discrétion, ne possèdent que le *jus gentium*.

II

LES PERSONNES DANS LA FAMILLE

I. — La famille romaine en général

La famille romaine présente des caractères particuliers qui s'expliquent par trois grands faits : 1° Ce fut pendant longtemps la seule forme de société; 2° elle réalisait le type de la famille patriarcale; 3° elle repose sur une idée religieuse, le culte des morts ou *sacra privata*. Pendant toute la durée de la

République elle subsiste sans changement appréciable comme un petit État dans le grand.

Cette famille se compose de deux catégories de personnes : 1° Le chef ou *pater familias*, essentiellement *sui juris*, autrement dit : affranchi de toute espèce d'autorité domestique ; 2° les personnes placées sous sa puissance c'est-à-dire : la femme *in manu mariti*, les enfants soumis à la *patria potestas*, les esclaves assujettis à la *dominica potestas*, et les personnes *in mancipio*.

Dans un sens plus général, la famille comprend encore toutes les personnes que réunit l'une à l'autre la communauté d'origine. Ce sont :

1° Les *agnats* ou parents par les mâles. Il ne faut pas les confondre avec les *cognats* ou parents en général, ni avec les alliés ou *affines*. L'agnation est la seule parenté que prenne en considération le droit romain pendant plusieurs siècles.

2° Les *gentiles*, en d'autres termes les agnats dont le degré est inconnu. Il cesse d'ailleurs d'être tenu compte de la *gentilitas* bien avant la fin de la République.

A la famille se rattachent encore deux classes de personnes *sui juris* unies au chef par un lien beaucoup moins étroit et qui devint de plus en plus faible :

1° Les clients, dont l'institution ne se prolongea avec ses caractères anciens que dans les premiers siècles de la République.

2° Les affranchis dont il sera question à propos des esclaves

Le rôle de *pater familias* ou chef de famille appartient à l'ascendant mâle le plus éloigné, et il ne peut jamais être rempli par une femme. Seul le *pater* représente la famille à l'*extérieur*, autrement dit, dans ses relations avec les autres familles et avec l'État ; à l'*intérieur*, il en est tout à la fois le juge, le prêtre et le souverain maître. Son autorité se manifeste par deux grands pouvoirs :

1° Il a sur les personnes *alieni juris* qui dépendent de lui, droit de vie et de mort : *jus vita necisque* ;

2° Tout ce qu'elles acquièrent lui appartient, ce que les Romains exprimaient par deux formules très énergiques : *vox filii, vox patris ; vox servi, vox domini.*

A la mort du chef, chaque enfant mâle placé sous sa puissance immédiate devient *pater familias* à son tour et forme ainsi une nouvelle famille. Mais il subsiste entre ces familles nouvelles le lien résultant de la parenté en ligne collatérale.

II. — LA FEMME ET LA PUISSANCE MARITALE

La femme est placée sous l'autorité du chef de famille par le *mariage* avec ce chef ou avec un *filius familias* qui dépend de lui. La nécessité d'assurer des continuateurs à la famille et plus tard des citoyens à l'État fait du mariage, sous la république, un acte religieux et sous l'empire une institution politique.

1° Auguste établit des peines contre les célibataires et les *orbi*, en même temps que tout un système de récompenses au profit des personnes mariées qui avaient des enfants ;

2° Une série d'avantages désignés sous le nom de *jus liberorum*, furent offerts en prime à la fécondité.

§ 1. — *Conditions du mariage.*

Le mariage romain n'a lieu que moyennant certaines conditions de fond et de forme.

I. Les *conditions de fond* peuvent se ramener à 4 groupes.

1° Puberté des deux époux. Elle fut, après quelques hésitations, fixée à 12 ans pour les femmes et à 14 ans pour les hommes.

2° Consentement pour chaque époux du chef de famille sous la puissance duquel il se trouve, s'il est *alieni juris*. De plus si le futur époux est un petit-fils, l'autorisation de son auteur immédiat est également exigée. Au contraire, jusqu'au Bas-Empire, le mariage des personnes *sui juris* ne fut jamais subordonné en principe au consentement de personne.

3° Inexistence de tout mariage antérieur.

4° *Conubium*, ou absence d'empêchement relatif entre les époux. Les personnes qui n'ont pas *conubium* et entre lesquelles en conséquence un mariage véritable est impossible sont :

Les patriciens et les plébéiens, jusqu'à la loi Canuleia ;

Les Romains et les étrangers ;

Les ingénus et les affranchis, jusqu'à Auguste ;

Les personnes honorables et les personnes réputées malhonnêtes à raison de leur profession ou de certaines condamnations : comédiens, *infâmes*, etc. ;

Les parents ou alliés à un certain degré. En général, la parenté est un obstacle au mariage, en ligne directe, à l'infini, et, en ligne collatérale, lorsque l'un des deux époux n'est séparé de l'auteur commun que par un seul degré. L'alliance ne constitue, au contraire, un empêchement qu'en ligne directe.

Certaines personnes dont l'union peut constituer un danger public ou privé. C'est ainsi que l'ex-tuteur ne peut épouser sa pupille, le fonctionnaire une femme de sa province, un juif une chrétienne, le ravisseur la personne enlevée, etc.

L'union contractée au mépris de ces diverses règles est frappée de nullité absolue. Il n'y a même pas à distinguer si les époux étaient de bonne foi ou de mauvaise foi, parce que les Romains n'ont pas connu la théorie du mariage putatif, dont l'*erroris probatio* est la seule application importante. Toutefois, l'union nulle comme mariage romain peut valoir quelquefois comme mariage de droit des gens, ou à titre de concubinat.

II. Les *conditions de forme* n'ont pas toujours été les mêmes.

De tout temps le mariage a pu être précédé de *fiançailles*, sans caractère obligatoire, mais susceptibles néanmoins de certains effets légaux.

L'union définitive des époux se réalise sous deux formes différentes.

1° Le mariage *avec manus*, seul usité à l'origine et qui se conclut par *confarreatio, coemptio* ou *usus* ;

2° Le mariage *sans manus* formé par le consentement et la cohabitation.

§ 2. — *Condition de la femme mariée.*

Le mariage produit des effets bien différents, selon qu'il est contracté avec ou sans *manus*.

Le mariage avec *manus* fait sortir la femme de sa famille

originaire, et la place sous la puissance et dans la famille du mari.

Le mariage sans *manus* ne change rien, en principe, à la condition familiale ou juridique de la femme et la laisse indépendante de toute autorité maritale.

§ 3. — *Dissolution du mariage.*

I. Le mariage, à Rome, n'est pas indissoluble. En dehors de la mort de l'un des deux époux, il prend encore fin chaque fois que l'un des éléments nécessaires à sa validité cesse après coup d'exister. Ces causes de dissolution peuvent se ranger sous deux chefs :

1° Le *divorce*, qui met fin au mariage par la volonté des deux époux ou d'un seul d'entre eux, avec ou sans juste cause. Douteuse dans le mariage avec *manus*, la liberté du divorce est pleine et entière dans le mariage sans *manus*. Les empereurs chrétiens y apportèrent des restrictions importantes, mais ne purent le supprimer complètement.

2° Des faits indépendants de la volonté des époux, mais qui rendent impossible la continuation du mariage, parce qu'ils auraient été un obstacle à sa formation. C'est ce qui arrive, notamment, quand l'un des époux perd la cité ou la liberté, si le mari d'une affranchie devient sénateur, chaque fois qu'un beau-père adopte son gendre ou sa bru, etc.

II. La dissolution du mariage en laisse subsister les effets dans le passé, mais y met généralement fin dans l'avenir. Toutefois, les *secondes noces*, complètement libres pendant la République et le Haut-Empire, furent, au Bas-Empire, l'objet de restrictions importantes.

§ 4. *Unions inférieures distinctes du mariage.*

A côté du mariage romain, que ses conditions rigoureuses rendaient impossible à beaucoup de personnes, la loi ou les mœurs avaient reconnu trois unions inférieures.

1° Le *mariage de droit des gens* entre conjoints dont un au moins est pérégrin. Il ne produit pas les effets énergiques du mariage romain (*manus*, puissance paternelle, agnation etc.), mais il entraîne le devoir de fidélité et donne aux enfants un *pater certus.*

2° Le *concubinat,* union de fait réglée par la loi, qui attribue aussi un *pater certus* aux enfants, mais n'oblige pas à la fidélité.

3° Le *contubernium* ou mariage des esclaves sans caractère légal et subordonné au bon vouloir du maître.

III. — LE FILS ET LA PUISSANCE PATERNELLE

La puissance paternelle est l'autorité du chef de famille sur ses enfants ou descendants par les mâles.

§ 1. *Comment s'acquiert la puissance paternelle.*

Cette puissance s'obtient par le mariage, l'adoption et au Bas-Empire la légitimation.

1° *Le mariage.* — Le mariage romain engendre la puissance paternelle sur les enfants qui en sont issus. Cet effet se produit que le mariage ait été contracté avec *manus* ou sans *manus.* Pour déterminer la paternité et la date de la conception, le Droit romain finit par admettre des présomptions légales semblables à celles du Droit français qui les lui a empruntées.

2° *L'adrogation.* — L'adoption en général est l'acte par lequel un citoyen romain acquiert la puissance paternelle sur une autre personne qu'un de ses enfants ou descendants légitimes. Elle a été employée successivement à assurer un continuateur au culte domestique, à rattacher à la famille légale les simples cognats et à remplacer le testament. — On distingue l'adrogation et l'adoption proprement dite, selon la qualité de l'adopté.

L'*adrogation* est l'adoption d'un *pater familias.* C'est la plus ancienne qu'ait reconnue le Droit romain puisqu'il ne réglait à l'origine que les rapports des familles.

1. — Les *conditions* de l'adrogation sont relatives à l'adrogeant, à l'adrogé et à la forme. Toutes s'inspirent du principe *Adoptio imitatur naturam.*

1° L'adrogeant doit être *pater familias*, avoir 18 ans de plus que l'adrogé, n'être point castrat, n'avoir pas déjà adopté l'adrogé et enfin, de plus que l'adoptant proprement dit, n'avoir pas d'enfant et n'être plus en âge d'en avoir.

2° L'adrogé doit être citoyen romain pubère et du sexe masculin. Toutefois la législation impériale permet l'adrogation des femmes et des impubères.

3° L'adrogation ne peut avoir lieu qu'en vertu d'un acte du pouvoir législatif. Ce fut successivement une loi curiate, d'abord réelle, puis fictive, et, à partir de Dioclétien, un rescrit impérial. Elle n'admet ni terme ni condition.

II. L'adrogation a pour *effet* essentiel un changement de famille. L'adrogé cesse d'être l'agnat de ses agnats et entre sous la puissance et dans la famille de l'adrogeant, ainsi que sa femme *in manu* et ses enfants. Toutefois des règles spéciales garantissent l'adrogé impubère contre les dangers de cette situation (quarte antonine, etc.)

3° *L'Adoption proprement dite.* — L'adoption proprement dite s'applique à un fils de famille. Organisée postérieurement à l'adrogation, elle fut toujours d'une réalisation beaucoup plus facile et d'un effet moins important.

I. L'*adoptant* n'a pas besoin d'être sans enfant et d'avoir 60 ans. De tout temps l'*adopté* a pu être une femme ou un impubère. A défaut d'une *forme* indiquée par la loi, les jurisconsultes ont imaginé un procédé compliqué qui ne s'explique que par la nécessité de combler une lacune législative : le père se rend fictivement indigne de la puissance paternelle et laisse l'adoptant lui réclamer l'enfant en justice dans un procès fictif. Sous Justinien il suffit d'une simple déclaration devant le magistrat.

II. De même que l'adrogation, l'adoption a pour *effet* un changement de famille. L'adopté cesse d'être sous la puissance de son père véritable et perd tous les droits que l'agnation lui donnait dans sa famille primitive. Il tombe sous la puissance de son père adoptif et devient l'agnat de ses agnats : mais comme il n'a ni droit de famille ni patrimoine ces effets lui sont exclusivement personnels. La perte de la famille primitive laissant l'adopté sans ressource s'il sortait de la famille adoptive par l'émancipation, deux remèdes furent successivement apportés à cet inconvénient : 1° Le préteur appelle alors l'enfant adoptif à la succession du père naturel ; 2° à partir de Justinien, l'adoption n'opère plus de changement de famille quand le père adoptif est un autre qu'un ascendant.

4° *La légitimation.* — La légitimation ne date que du Bas Empire: c'est l'acquisition de la puissance paternelle sur un enfant naturel et, par suite, postérieurement à la naissance de l'enfant. Elle résulte de trois *procédés* : 1° le mariage des père et mère ; 2° l'oblation à la curie : 3° le rescrit du prince, que le père peut solliciter entre vifs ou par testament. Quel que soit le mode employé, le consentement au moins tacite de l'enfant est nécessaire. En principe la légitimation produit le même *effet* que le mariage ou l'adoption. Toutefois l'enfant légitimé par oblation à la curie ne se rattache qu'à l'auteur même de la légitimation et ne peut prétendre à sa succession que pour une part d'enfant le moins prenant.

§ 2. — *Condition du fils de famille.*

La condition du fils est déterminée : 1° par l'étendue de l'autorité reconnue au père ; 2° par la capacité juridique du fils.

I. — *Puissance du père.* — La puissance paternelle confère au chef de famille les mêmes droits que sur les autres personnes *alieni juris* : 1° En ce qui concerne la *personne*, le père peut exposer ou vendre l'enfant à sa naissance, exercer sur lui à tout âge le *jus vitæ necisque*, et enfin l'aliéner à un tiers auquel il le donne en *mancipium*. Ces pouvoirs furent d'ailleurs l'objet de restrictions considérables de la part des empereurs. 2° Relativement aux *biens*, le père a la pleine et entière disposition de tous ceux qu'acquiert le fils. Mais, sous l'Empire également, ses pouvoirs furent amoindris par l'institution des pécules castrans, quasi castrans, et surtout adventice, qui aboutit à remplacer le droit de propriété par un droit d'usufruit.

II. — *Capacité du fils.* — Le fils, malgré la puissance paternelle qui pèse sur lui, jouit, en principe, d'une pleine et entière capacité. Il a les droits politiques et les droits de famille.

peut s'obliger et figurer valablement dans les actes relatifs au patrimoine. Toutefois l'accès des tribunaux lui est interdit, parce que la cité primitive ne connaît que les contestations entre familles et il ne peut obliger son père ou l'appauvrir qu'en vertu d'une autorisation expresse ou tacite.

Entre les ascendants et les descendants qui ne sont pas sous leur puissance, il n'existe que des rapports de déférence analogues à ceux qu'établissent les législations modernes.

§ 3. — *Extinction de la puissance paternelle.*

Quoique perpétuelle en principe, la puissance paternelle cesse dans un certain nombre de cas que l'on peut ranger en trois groupes :

1° La famille est dissoute par un événement accompli dans la personne de son chef, tel que la mort, la perte de la cité ou de la liberté ;

2° La famille subsiste sous l'autorité du *pater*, mais l'enfant cesse d'en faire partie. C'est ce qui a lieu quand un enfant meurt, devient esclave ou pérégrin, est donné en adoption ou est émancipé. L'*émancipation* exige le consentement du père et celui de l'enfant. Elle s'accomplit d'abord au moyen d'une fiction, grâce à laquelle le père se rendait théoriquement indigne de la puissance paternelle, puis par une déclaration devant le magistrat, et enfin, dans le cas spécial où l'enfant émancipé est absent, au moyen d'un rescrit de l'empereur.

L'enfant sorti de la famille par l'émancipation ou tout autre mode de la même catégorie perd en principe tous les droits qu'il y trouvait, tels que les droits de succession. Mais cet effet lui est personnel, et ses enfants déjà nés demeurent sous la puissance de son père.

3° Tout en restant dans la famille et par conséquent en y conservant tous ses droits, l'enfant peut échapper à la puissance paternelle. C'est ce qui se produit quand il obtient certaines dignités ou que le père est déchu de son autorité à cause de l'abus qu'il en fait.

IV. — L'ESCLAVAGE ET LA PUISSANCE DOMINICALE.

§ 1. — *Comment on devient esclave.*

L'esclavage antique a son origine dans la constitution de la famille qui donnait au chef un égal pouvoir sur ses serviteurs, et sur sa femme et ses enfants. Mais, une fois établi, il se perpétue en s'alimentant à deux espèces de sources.

Deviennent esclaves des Romains :

1° Les étrangers faits prisonniers dans une guerre régulière avec Rome ;

2° Des Romains eux-mêmes, réduits à cet état à titre de peine ou par mesure d'intérêt général. Ce sont, sous la République, le réfractaire, le citoyen qui ne se fait pas inscrire sur les registres du cens, le voleur manifeste et le débiteur insolvable. Sous l'empire, certains condamnés, l'affranchi ingrat, la femme libre qui a commerce avec l'esclave d'autrui et celui qui se laisse vendre comme esclave pour revendiquer ensuite sa liberté après avoir partagé le prix.

Une fois acquise, la qualité d'esclave est héréditaire.

§ 2. — *Condition de l'esclave.*

La condition de l'esclave se traduit, comme celle du fils, par le pouvoir qui pèse sur lui et l'incapacité dont il est frappé.

I. — *Pouvoir du maître.* — Le pouvoir absolu du maître sur la *personne* demeure toujours celui d'un propriétaire et ne subit d'adoucissement qu'à l'époque impériale. Le droit sur les *biens* continue à être aussi absolu qu'à l'origine.

II. — *Capacité de l'esclave.* — A la différence du fils, l'esclave est complètement incapable dans le domaine du droit public comme dans celui du droit privé. Il n'a point de famille et ne peut figurer dans un acte juridique que pour le compte de son maître.

§ 3. — *Comment on cesse d'être esclave.*

La condition de l'esclave n'est pas indélébile, mais peut au contraire cesser par différents modes :

1er *Mode : l'affranchissement par le maître.* — La législation en varia sous la république, le haut empire et Justinien, et devint de plus en plus libérale. On peut ramener à trois groupes les conditions exigées quand l'institution fut organisée définitivement.

1° Conditions relatives au *maître.* — Il doit avoir vingt ans, ne pas affranchir en fraude de ses créanciers, se conformer à certaines prescriptions d'ordre public, enfin avoir sur l'esclave la complète propriété romaine.

2° Conditions relatives à l'*esclave.* — C'est en principe d'avoir trente ans, de n'être pas indigne de la liberté et de n'être frappé d'aucun empêchement.

3° Conditions de *forme.* — Sous la république, les seuls procédés admis étaient le cens, la vindicte et le testament, mais le droit impérial et en particulier celui de Justinien élargirent beaucoup ces conditions.

La *sanction* de ces trois espèces de condition était la nullité en principe ou le caractère inférieur de l'affranchissement, qui, dans certains cas, ne produisait qu'une liberté incomplète ou de second ordre.

2° *Mode : la volonté de la loi,* dont l'esclave profitait à titre de récompense dans certains cas ou quand il y avait prescription.

3° *Mode :* le *postliminium.* — Il ne s'appliquait qu'à l'étranger captif qui obtenait la liberté de droit dès qu'il la recouvrait de fait.

§ 4. — *Condition de l'affranchi.*

La condition de l'affranchi est inférieure à celle de l'ingénu ou libre de naissance, et selon le degré de cette infériorité, on distingue, à partir de l'Empire et jusqu'à Justinien, trois classes d'affranchis.

1° L'affranchi *citoyen romain,* le seul qui ait toujours existé. Il se distingue du citoyen ordinaire par deux causes d'infériorité : 1° il demeure soumis aux droits de patronat que retient son ancien maître; 2° il est frappé, par mesure de sécurité publique, de certaines déchéances et incapacités, telle que l'inaptitude aux fonctions publiques et au service militaire. Cette condition est partiellement héréditaire, surtout à l'origine. Elle s'améliora au Bas-Empire sous l'influence des idées chrétiennes;

2° L'affranchi *latin junien*. C'est celui dont l'affranchissement présente des irrégularités de forme ou de fond. Toujours esclave en droit, il jouit d'une liberté de fait, par l'intervention du préteur, et une loi *Julia Norbana* règle définitivement sa condition. A partir de ce moment, il est libre mais pérégrin. Quand il meurt, ses biens reviennent au patron comme un pécule d'esclave. De son vivant, il n'a aucun des avantages accordés seulement aux citoyens, excepté le *commercium*. Toutefois, des facilités particulières lui sont offertes pour devenir citoyen;

3° L'affranchi *déditice*. Rentrent dans cette classe les anciens esclaves jugés indignes de la cité. Plus ou moins dépendants de leur patron, selon les conditions ou les circonstances de leur affranchissement, ils sont, dans tous les cas, assimilés aux pérégrins les moins favorisés, et frappés de déchéances spéciales, telles que la défense de pénétrer à Rome ou l'impossibilité de devenir jamais Romains.

V. — LES PERSONNES IN MANCIPIO

Le *mancipium* est la puissance dominicale exercée sur un homme libre. 1° Il résulte, en général, de l'aliénation de la personne *in mancipio* au profit de son maître, consentie par elle-même ou par son *pater familias*; 2° le maître a droit aux *biens*, mais du moins à la fin de l'institution, ne possède que des droits restreints sur la *personne*. De plus, ce pouvoir laisse subsister la *capacité* de celui qui en est l'objet; 3° le *mancipium* prend fin par un affranchissement semblable à celui des esclaves.

Cette condition, qui répond à un état social encore imparfait, avait d'ailleurs disparu avant la fin de l'époque classique, et il n'en est pas question dans le droit de Justinien.

III

LES PERSONNES CONSIDÉRÉES DANS LEUR ÉTAT PHYSIQUE OU MORAL

La nature du rôle imposé au chef de famille en rendait incapables les personnes que leur âge, leur sexe ou leur état d'esprit laissaient sans défense dans une société où l'autorité publique ne se préoccupait point des intérêts privés. Aussi le mineur, la femme et le fou demeuraient, à l'origine, sous l'autorité de leurs plus proches parents. Mais ces mesures spéciales ne s'appliquèrent jamais qu'aux personnes *sui juris*, parce que les *alieni juris* n'avaient pas de biens, et que le *pater familias* dont ils dépendaient était tout à la fois leur chef et leur protecteur naturel. Les progrès du droit romain l'amenèrent peu à peu à reconnaître plus d'importance aux intérêts de l'incapable qu'à ceux de sa famille, quand ils étaient en conflit.

I. — L'AGE.

Les personnes réputées incapables de se conduire elles-mêmes à raison de leur âge sont :

1° Les impubères. Le régime auquel ils sont soumis est la tutelle;

2° Les mineurs de vingt-cinq ans. Ils furent l'objet de mesures protectrices de plus en plus nombreuses, dont l'ensemble constitue la curatelle.

§ 1. — *Impubères en tutelle.*

L'antiquité de la tutelle romaine lui conserva jusque dans le dernier état du droit un caractère particulier et archaïque qui se manifeste dans la condition juridique des mineurs, l'organisation de la tutelle, son fonctionnement et les conséquence de sa cessation.

1. *Condition juridique des mineurs.* — L'incapacité de fait dont est frappé l'impubère, a pour conséquence une incapacité de droit plus ou moins grande, selon l'époque de la minorité où il

se trouve. Jusqu'à sept ans, il est absolument incapable de faire quoi que ce soit, seul ou avec l'assistance de son tuteur. De sept à quatorze ans il peut seul rendre sa condition « meilleure », c'est-à-dire, acquérir, devenir créancier, ou cesser d'être débiteur ; mais il ne 'peut pas la rendre « pire », en d'autres termes, aliéner, devenir débiteur ou cesser d'être créancier. Si l'acte de nature à rendre la condition pire est accompagné d'une contre-partie susceptible de la rendre meilleure, l'opération, prise dans son ensemble, produit le dernier effet, mais non le premier. Toutefois, l'intervention du magistrat contraint le tuteur ou le pupille devenu majeur à choisir entre l'abandon complet de la convention ou son exécution intégrale.

II. *Organisation de la tutelle.* — 1. Elle s'ouvre par tout fait qui rend une personne *sui juris*, tel que la mort du *pater familias* ou la naissance d'un enfant naturel. — 2. Il existe trois espèces de tutelles distinguées d'après la manière dont il y est pourvu : α. La tutelle *légitime* déférée au plus proche héritier (agnat, patron, etc.) ; β. la tutelle *testamentaire* donnée en principe par le *pater familias* du mineur dans son testament ; γ. la tutelle *dative* déférée par le magistrat. — 3. La tutelle est un *munus publicum* que peut remplir seul un citoyen romain capable. — 4. Le tuteur légal et les tuteurs datifs désignés par les magistrats inférieurs sont tenus de donner caution ; mais leurs biens, du moins à l'origine, ne se trouvent pas frappés d'une hypothèque légale comme dans le droit français. — L'organisation de la tutelle romaine ne comporte ni subrogé-tuteur, ni conseil de famille régulier, mais le magistrat remplit souvent le rôle confié en droit français à ce dernier.

III. *Fonctionnement de la tutelle.* — 1. Le tuteur romain s'occupe seulement du patrimoine et non de la personne, dont le soin est laissé à la mère ou aux plus proches cognats. Il a pour *devoir* de le conserver et de l'augmenter. Mais la loi ne se contente pas de cette prescription générale et lui trace une ligne de conduite précise.

1° Certains actes lui sont ordonnés. Ce sont : le placement des capitaux, le recouvrement des créances, le paiement des dettes, etc.

2° Certains actes lui sont défendus. Ce sont tous les actes à titre gratuit, tels que donation ou affranchissement, et, parmi les actes à titre onéreux, l'aliénation des *prædia rustica* ou *suburbana*, depuis Septime Sévère, et des meubles les plus précieux, depuis Constantin.

3° Les actes qui ne sont ni ordonnés ni défendus demeurent libres, mais le tuteur ne les accomplit que sous sa propre responsabilité.

Tout acte accompli au mépris de ces prescriptions ou irrégulièrement est frappé d'une nullité absolue.

II. L'*administration* du tuteur rencontrait un obstacle dans le formalisme de la plupart des actes juridiques, qui n'admettaient point la représentation.

Deux moyens d'un emploi incommode et quelquefois impossible, avaient été mis à sa disposition : l'*auctoritas* ou la *gestio tutelæ*.

1° L'*auctoritas* consiste, de la part du tuteur, à faire intervenir le mineur en personne et à compléter sa capacité insuffisante. Impossible durant la première période de la minorité, ou *infantia*, elle a l'avantage de n'être jamais empêchée par la nature de l'acte. Quand elle a été régulièrement fournie, tout se passe comme si l'opération avait été accomplie par le mineur seul en état de majorité.

2° Il y a *gestio tutelæ* quand le tuteur accomplit l'acte en son propre nom, pour en retransférer plus tard le résultat au pupille. Applicable à toutes les époques de la minorité elle peut être empêchée par la nature de l'acte. Son principal inconvénient est d'entraîner des complications et de présenter des dangers en donnant lieu à des recours que l'insolvabilité du défendeur peut rendre illusoires.

IV. *Fin de la tutelle.* — La tutelle prend fin par des événements accomplis dans la personne du tuteur ou dans celle du pupille, tels que la mort de l'un ou de l'autre, mais dont le plus ordinaire est l'arrivée du pupille à la majorité.

L'extinction de la tutelle a pour résultat de mettre le pupille à la tête de ses affaires et de l'autoriser à poursuivre la réparation du préjudice qu'il a pu éprouver. A cet effet, la loi lui donne action contre le tuteur coupable de détournements ou de simples fautes, contre sa caution s'il en avait dû fournir, et enfin contre les magistrats qui n'en ont pas exigé quand ils l'auraient dû. De plus, le préteur, en vertu de ses pouvoirs discrétionnaires et au moyen de la *restitutio in integrum*, met à néant les actes passés par le tuteur ou autorisés par lui d'où il serait résulté pour le pupille une lésion considérable.

§ 2. *Mineurs de 25 ans en curatelle.*

A l'origine la puberté donnait une capacité entière, parce que les difficultés apportées par le formalisme juridique au fonctionnement de la tutelle en faisaient abréger le plus possible la durée. Mais on finit par remarquer que jusqu'à l'âge de 25 ans les personnes ne sont pas en état de se conduire convenablement elles-mêmes. Aussi prit-on peu à peu, en faveur des personnes au-dessous de cet âge, une série de mesures protectrices qui aboutirent à l'organisation d'une seconde minorité. Une loi *Platoria* rendue sous la République leur donne une protection spéciale contre le dol; le préteur leur accorde la *restitutio in integrum*; une curatelle est organisée à leur profit dès le second siècle; Septime Sévère leur interdit l'aliénation de leurs immeubles ruraux; enfin, depuis Dioclétien, les mineurs de 25 ans qui ont un curateur ne possèdent plus que la demi-capacité du mineur de 14 ans. A partir de ce moment l'assimilation du mineur de 25 ans à l'impubère est à peu près complète. Toutefois il subsiste entre les deux minorités certaines différences, qu'expliquent les circonstances de leur développement historique, et que Justinien, par tradition plus que par système, ne fera pas disparaître. Enfin la *venia ætatis*, analogue à l'émancipation moderne, peut donner au mineur de 25 ans qui en est jugé digne le bénéfice d'une majorité anticipée.

II. — LE SEXE — LES FEMMES EN TUTELLE

L'infériorité de la femme avait pour causes, dans l'ancien droit romain, d'abord sa faiblesse qui la mettait sous la dépendance forcée d'un protecteur quand elle était *sui juris*; puis la complexité des actes juridiques qu'elle n'était pas en état d'accomplir elle-même toute seule, et enfin la crainte qu'elle ne transportât les biens qui lui venaient de sa famille à son mari et à ses enfants.

1° La femme est privée, non seulement des droits politiques et de tous ceux qui s'y rattachent, mais encore des droits de famille dont la jouissance ne convient qu'à un homme, tels que la *patria potestas*. De plus, elle est incapable d'accomplir les principaux actes relatifs au patrimoine sans l'assistance d'un tuteur chargé de veiller aux intérêts de ses agnats. 2° Ce tuteur est en principe le plus proche héritier, mais peut au besoin être remplacé par un tuteur testamentaire ou un tuteur datif. 3° Son rôle consiste simplement à autoriser, s'il y a lieu, les actes que la femme ne peut faire toute seule. 4° A mesure que les causes de cette institution disparurent, le tuteur fut privé d'une partie de son autorité et la tutelle des femmes fut définitivement supprimée au Bas-Empire. 5° Mais tout en recouvrant une capacité générale, les femmes furent frappées de certaines incapacités spéciales dont la principale est la défense d'intercéder, c'est-à-dire de s'obliger et d'obliger leurs biens pour autrui, établie par le Sénatus-Consulte Velléien.

III. — L'ÉTAT D'ESPRIT. — LES FOUS ET LES PRODIGUES.

Le droit romain primitif s'était préoccupé des personnes que leur état d'esprit mettait hors d'état de se conduire elles-même, mais il n'avait songé qu'à l'intérêt de la famille et non à celui de ces personnes. Il en résultait qu'aucune protection n'était accordée ni aux personnes sans biens patrimoniaux ou héritier présomptif, ni à ceux des fous dont la maladie ne compromettait pas le patrimoine. Ce fut le préteur qui combla ces lacunes et, à l'époque où la théorie fut définitivement constituée, on distingua :

1° Le *mente captus*, c'est-à-dire l'idiot, assimilé à l'*infans* d'une manière permanente ;

2° Le *furiosus*, dont la raison est troublé par des accès, capable dans ses intervalles lucides, incapable, comme l'*infans* dans ses moments de folie ;

3° Le *prodigue* qui peut rendre seul sa condition meilleure mais qui ne peut la rendre pire sans l'assistance d'un curateur, de même que l'impubère sorti de l'*infantia*.

Ces trois catégories de personnes ont un curateur chargé d'administrer pour elles. Toutefois le curateur du prodigue peut se contenter de lui fournir son *consensus*.

L'infamie est la conséquence de certains délits et prive celui qui en a été frappé de ses droits politiques et de plusieurs droits privés.

IV

LA PERSONNALITÉ JURIDIQUE

Aucune législation n'a séparé aussi nettement que le droit romain la personnalité juridique et la personnalité physique. Tantôt il suspend ou prive de leurs droits des personnes capables en fait. Tantôt il donne une capacité artificielle à des abstractions ou à des collectivités. La première particularité se remarque surtout à l'origine. La seconde s'accentue avec les progrès de la science juridique.

I. — DES CAUSES QUI SUSPENDENT OU DÉTRUISENT LA PERSONNALITÉ JURIDIQUE.

La condition juridique telle qu'elle résultait des différents droits reconnus à l'homme libre dans la cité ou dans la famille pouvait être suspendue provisoirement par l'effet de la *captivité* et même complètement détruite par le *capitis deminutio*.

§ 1. — *La captivité*.

1. Le captif est le Romain qui a été fait prisonnier dans une guerre régulièrement déclarée. Tant qu'il est au pouvoir de l'ennemi, il demeure aussi incapable qu'un esclave parce que la religion et la cité estimaient dangereux de reconnaître des droits à un homme qui n'était plus maître de ses actions. S'il mourait sans avoir recouvré sa liberté, il était supposé mort le jour même où il l'avait perdue. S'il revenait, les déchéances qui le frappaient cessaient rétroactivement par l'effet du *postliminium*. Dans aucun cas il n'était tenu compte de ce qu'il avait pu faire en captivité.

§ 2. — *La capitis deminutio.*

La *capitis deminutio* résulte de tout fait qui entraîne la perte, soit de la *famille* seule (émancipation, adoption, etc.), soit de la *cité* avec la famille, soit de la *liberté* avec la cité. Dans tous les cas, même le premier, elle détruit complètement les droits de famille et ceux qui se rattachaient à la personnalité juridique anéantie, usufruit, obligations, etc.; mais, lorsque le Romain qui en a été l'objet conserve la liberté et la cité, une nouvelle personnalité juridique remplace celle qui a disparu.

II. — LES PERSONNES MORALES.

A côté des personnes physiques, la loi finit par reconnaître des personnes fictives ou personnes morales qui représentaient certains intérêts collectifs. 1° Les unes se rattachaient à l'organisation politique, comme l'Etat, le municipe, la colonie ; les autres constituaient des institutions établies dans l'intérêt général ou celui de leurs membres ; 2° ces personnes avaient généralement les droits relatifs au patrimoine et quelques-unes d'entre elles étaient soumises à certaines règles protectrices, telles que la défense d'aliéner sans la permission du gouvernement.

III. — LA CONSTATATION DE LA CONDITION JURIDIQUE.

Sous la République l'état social était encore trop simple pour qu'il fût question d'institutions analogues à celle des registres de l'Etat civil. Mais l'Empire prescrivit quelques mesures destinées à faire constater l'état des personnes. Marc Aurèle établit des livres publics où devaient être consignées les naissances. Au Bas-Empire le contrat de mariage ou *instrumentum dotale* devint, dans certains cas, le moyen régulier de prouver le mariage. Une présomption de paternité résultait du concubinat.

DEUXIÈME PARTIE

LES BIENS

LES CHOSES, LES DROITS ET LES ACTIONS.

§ 1. *Les choses.*

Les biens sont les choses dont l'homme peut faire usage et qui sont susceptibles d'appropriation. Il ne faut donc y comprendre ni les choses sans utilité ni les choses qui, tout en étant d'une utilité très grande, ne peuvent être l'objet d'aucun droit, telles que l'air, la lumière, etc.

Les Romains divisaient les *biens* en deux catégories essentielles les *res divini juris*, les *res humani juris*. 1° Les *res divini juris* étaient les choses revêtues d'un caractère religieux. Elles comprenaient les *res sacræ* affectées aux dieux célestes et terrestres, les *res religiosæ* consacrées aux mânes et les *res sanctæ* qui, sans être affectées à une espèce particulière de divinités, étaient cependant l'objet d'une consécration religieuse. 2° Les *res humani juris*, c'est-à-dire toutes les autres choses, étaient réparties en plusieurs subdivisions dont la plupart ont passé dans les législations modernes.

La plus ancienne division des *res humani juris*, demeura propre au droit romain : c'est la distinction en *res mancipi* ou de propriété par excellence et en *res nec mancipi*, ne présentant pas les mêmes caractères. Les *res mancipi* sont les choses les plus précieuses aux yeux des anciens Romains, peuple agriculteur plus que commerçant ou industriel. Elles comprennent les fonds italiques avec les servitudes qui en accroissent les avantages, les esclaves et les bêtes de somme. Les *res nec mancipi* sont toutes les autres choses. L'intérêt de la distinction qui a le plus longtemps subsisté consiste dans l'emploi pour chacune des deux espèces d'un mode spécial d'aliénation : la mancipation pour les premières, la tradition pour les secondes.

Plus tard on distingua avec netteté les meubles et les immeubles ; les choses qui se consomment ou non par le premier usage ; les choses fongibles ou non fongibles, c'est-à-dire que l'acquéreur à charge de restitution peut remplacer ou non par d'autres de même espèce, etc.

Enfin, envisagées par rapport à ceux qui les possèdent, les choses se classent en choses publiques, en *res universitatis*, en choses de particulier et en *res nullius*, qui ne sont pas encore appropriées.

§ 2. *Les droits.*

Les *droits* sur les chose se distinguent en deux espèces bien différentes.

1° Les droits *réels* ou de *propriété* qui portent directement sur la chose.

2° Les droits *personnels* appelés encore de créance ou d'*obligation*, qui permettent seulement de poursuivre une personne pour en obtenir une chose ou un service.

Le titulaire d'un droit *réel* peut l'invoquer contre toute personne et le premier acquéreur est préféré au second. Le créancier ne peut se prévaloir du droit personnel que contre son débiteur, et si la même chose a été promise à plusieurs, ils concourent sans distinction entre les plus anciens et les plus nouveaux. C'est ce qu'on exprime en disant que la propriété confère un droit de suite et de préférence, tandis que les créances sont privées de l'un et de l'autre.

§ 3. *Les actions.*

Le droit a pour sanction juridique l'*action*, c'est-à-dire le recours à la justice. En droit romain le nombre des actions est limité et chacune d'elles est soumise à des règles fixes qui en déterminent d'une manière invariable pour tous les cas les conditions d'exercice et les effets. Aussi peut-il arriver, par une conséquence qui domine toutes la théorie des droits réels et personnels, que, faute d'une action appropriée, les prétentions les plus conformes à l'équité ne peuvent se produire ou ne reçoivent qu'un satisfaction incomplète.

Le *patrimoine* est l'ensemble des droits actifs et passifs d'une personne, c'est-à-dire les droits réels et personnels qui lui appartiennent, et les droits personnels dont elle est grevée. Les transmissions auxquelles il donne lieu constituent les aliénations à titre universel.

L'étude des biens comprend :
1° La propriété.
2° Les obligations.
3° Le patrimoine.

LIVRE PREMIER

LA PROPRIÉTÉ

1. — HISTOIRE DE LA PROPRIÉTÉ

La propriété ou *dominium* est le droit le plus entier qui soit accordé à une personne sur une chose. D'abord reconnue à la famille avant d'être individuelle, elle a conservé jusqu'à la fin des traces de ce premier état. La simplicité originaire en a été altérée par la réaction de l'équité contre le formalisme et la rigueur du droit primitif, et, pendant la plus grande partie de son histoire, le droit romain a distingué trois espèces de propriété, sans compter la possession, qui n'en est que l'expression matérielle.

1° Le *dominium ex jure quiritium* ou propriété quiritaire. C'est la plus ancienne et jusqu'à la fin la seule véritable. Elle a pour trait essentiel de reposer sur l'idée de conquête et, dans son application aux immeubles, d'être revêtue d'un caractère religieux. Accessible aux seuls citoyens romains, elle ne peut être aliénée que difficilement et, à l'origine, seulement au moyen de modes solennels.

2° La *propriété prétorienne* ou bonitaire : on finit par comprendre sous ce nom le droit reconnu par le préteur à celui qui avait reçu une chose en dehors des conditions rigoureuses de forme imposées par le droit civil. L'acquéreur irrégulier n'en devenait pas propriétaire ; mais comme le magistrat lui en assurait la conservation, il ne tarda pas à être considéré comme tel. Le concours du droit strict et de l'équité aboutissait ainsi à mettre en présence deux propriétaires : 1° le *nudus dominus ex jure quiritum*, qui conservait la propriété nominale et théorique ; 2° le bonitaire ou propriétaire prétorien auquel la jouissance effective de la chose était assurée. Toutefois son droit demeurait inférieur à certains égards, et notamment sur les esclaves, au droit d'une véritable propriétaire quiritaire.

3° La *propriété de droit des gens* ou *proprietas ex jure gentium*. C'est le droit reconnu aux particuliers sur les fonds provinceaux que la conquête avait fait tomber entre les mains de l'État, mais dont il laissait par tolérance la jouissance à leurs anciens propriétaires. L'infériorité de cette propriété s'accusait par la facilité de l'expropriation et de la confiscation, par son inaptitude à devenir *res religiosa*, et par le tribut dont elle était frappée. L'État pouvait d'ailleurs renoncer à son droit supérieur par la concession du *jus italicum*, et la terre qui l'avait obtenu devenait l'objet d'une véritable propriété quiritaire.

La distinction entre les trois espèces de propriété s'atténua peu à peu avant de disparaître, et dans le droit de Justinien, comme dans le droit primitif, il n'y a plus d'autre propriété que la propriété quiritaire.

4° Il ne faut pas confondre avec la propriété la *possession*, qui n'en est que la manifestation extérieure, et quelquefois inexacte. C'est le fait, pour une personne, d'avoir une chose à disposition, et de s'en dire propriétaire. Elle comprend deux éléments : le *corpus* ou aptitude matérielle à jouir de la chose ; l'*animus* ou intention d'en user. Le plus souvent, le possesseur est le propriétaire, et l'apparence est conforme à la réalité, mais ces deux situations peuvent être séparées, par exemple, en cas de perte ou de vol. La simple possession produit des effets dès le très ancien droit romain, où elle dispense de prouver la propriété. Malgré les différences essentielles qui les séparent, la propriété et la possession sont en rapports intimes, et la notion de l'une se rattache étroitement à celle de l'autre.

II. — LES MODES TRANSLATIFS DE LA PROPRIÉTÉ.

Les modes translatifs de propriété peuvent se ranger en trois groupes selon les circonstances auxquelles ils s'appliquent :

1° Les modes primitifs qui font naître la propriété sur les choses où elle n'existait pas ;

2° Les modes conventionnels qui servent à réaliser les transactions courantes telles que ventes, échanges, paiements, etc;

3° Les modes occasionnels qui supposent une situation spéciale. Ce sont : l'usucapion, la prescription, l'adjudication et la loi.

§ 1. — *Les modes primitifs.*

Les modes *primitifs* peuvent se ramener à deux :

1° *L'occupation* proprement dite ou appropriation d'un *res nullius*. L'application la plus importante en est l'*occupatio bellica* c'est-à-dire la capture des choses appartenant à l'ennemi, dont la propriété ne compte pas aux yeux des Romains. Il y faut ajouter la chasse, la pêche, etc.

2° La *spécification* par laquelle on transforme une chose de manière à en faire un objet nouveau qui, dans sa dernière forme, se trouve ainsi pour la première fois un objet de propriété. C'est à l'ouvrier, même si la matière première appartenait à une autre personne, que demeure en principe le produit fabriqué.

§ 2. — *Les modes conventionnels.*

Pour opérer le transfert de propriété, le consentement doit être exprimé dans une forme déterminée. Mais il n'a pas besoin d'être justifié par une juste cause, et l'aliénation déterminée par une erreur est aussi valable que celle qui repose, par exemple, sur une promesse régulière. Les trois modes conventionnels diffèrent par la manière dont la volonté des parties est tenue de se manifester.

1° La *mancipation* consiste dans la remise solennelle de la chose devant cinq témoins, en exécution d'une vente réelle ou fictive. Elle ne s'applique qu'aux *res mancipi*.

2° La *cession in jure* est une aliénation accomplie sous la forme d'un procès fictif dans lequel l'acquéreur revendique la chose contre l'aliénateur comme si elle lui appartenait déjà effectivement. Elle s'applique à toutes les choses corporelles, *mancipi* ou *nec mancipi*.

Ces deux modes, supposant la propriété quiritaire, ne peuvent être employés que par des citoyens romains et, à raison même de leur solennité, excluent l'emploi de la représentation.

3° La *tradition*, beaucoup plus simple, est la remise de la main à la main de l'objet aliéné. Elle comprend deux éléments, le *corpus* ou abandon de la possession par l'aliénateur à l'acquéreur, l'*animus* ou intention respective d'en opérer la translation. La simplicité même de ses formes la rend d'un usage bien plus facile que les deux modes solennels. C'est ainsi qu'elle peut servir à transférer indistinctement les trois propriétés reconnues, qu'elle est susceptible d'une condition ou d'un terme suspensif, que l'emploi en est permis aux pérégrins et enfin, qu'elle admet la représentation des parties par un mandataire. Son effet est de transférer la propriété quiritaire ou la propriété prétorienne, selon qu'elle s'applique à une *res nec mancipi* ou à une *res mancipi*.

Sous Justinien les deux procédés solennels primitifs ont disparu, et il n'y a plus d'autre mode d'aliénation volontaire que la tradition.

§ 3. — *Les modes occasionnels.*

1° *L'usucapion.* — L'usucapion est l'acquisition de la propriété quiritaire par la possession prolongée pendant un certain délai. Elle n'est nécessaire que lorsque l'acquéreur de la possession n'a pas obtenu en même temps la propriété, ce qui a lieu dans deux cas : *a*) il tient la chose d'un non-propriétaire ; *b*) par l'effet d'un vice de forme, l'acquéreur n'a obtenu que la propriété prétorienne. 1° A l'époque où la théorie de l'usucapion fut définitivement constituée, l'accomplissement en était subordonné à quatre conditions : un juste titre à raison duquel la remise est effectuée, la bonne foi de l'acquéreur, l'expiration d'un certain délai et enfin l'aptitude de la chose à être usucapée, ce qui est refusé, par exemple, aux choses volées ou aux fonds provinciaux. La condition de la bonne foi cesse d'être exigée quand l'usucapion a pour résultat de transformer la propriété prétorienne en propriété quiritaire. — 2° Ces conditions remplies, l'acquéreur est dans la même situation que si tout s'était passé régulièrement et, en conséquence, il obtient la propriété quiritaire, mais avec toutes les charges auxquelles cette acquisition avait été subordonnée par l'aliénateur.

2° *La prescription*. — Les conditions mises à l'usucapion en restreignaient l'application à certaines personnes : les citoyens romains, et à certaines choses : celles qui étaient susceptibles de propriété quiritaire au profit des particuliers. Le préteur en élargit l'idée par l'institution de la *prescription*, ainsi nommée à raison d'une particularité de procédure. A la différence de l'usucapion, la prescription, ou usucapion prétorienne, peut être employée par les pérégrins et avoir pour objet les fonds provinciaux. Le délai en est aussi adapté aux circonstances nouvelles dans lesquelles elle intervenait. Mais l'effet en est moins énergique et elle n'engendre que la propriété bonitaire.

Justinien fond ensemble l'usucapion et la prescription en donnant à l'institution nouvelle l'énergie de la première et la facilité de la seconde.

Une constitution de Théodose le Jeune qui limite toutes les actions à 30 ans est l'origine d'une prescription nouvelle, plus longue que la véritable, mais applicable au possesseur sans juste titre ni bonne foi.

3° *L'adjudication*. — L'adjudication est le transport de la propriété par décision judiciaire. Elle intervient dans les deux actions en partage, pour la formation des lots, et dans l'action en bornage pour la rectification des limites défectueuses. La sentence, au lieu de constater l'état de chose existant, le modifie comme feraient les modes conventionnels, dans un arrangement amiable. La propriété transmise sera quiritaire ou bonitaire selon que l'instance sera organisée d'après les anciens principes du droit civil ou les principes nouveaux du droit prétorien.

4° *Lex*. — Il y a transmission *lege* chaque fois que la propriété est acquise régulièrement en dehors des modes précédents. Les principales applications sont : le legs dit *per vindica-*

tionem, l'attribution d'une moitié du trésor au propriétaire dans le fonds duquel il a été découvert et l'acquisition des fruits par le possesseur de bonne foi d'une *res aliena*.

III. — Les Effets de la propriété.

Pour apprécier les effets de la propriété il faut déterminer les pouvoirs qu'elle confère, l'objet auquel ils s'étendent et la sanction dont ils sont revêtus.

§ 1. — *Pouvoirs reconnus au propriétaire.*

La propriété est le pouvoir le plus entier qui puisse être reconnu à une personne sur une chose. Elle s'analyse en trois facultés :

1° Le *jus abutendi* ou droit de disposer de la chose, soit matériellement en la détruisant, soit juridiquement en l'aliénant.

2° Le *jus utendi* ou droit de jouir.

3° Le *jus fruendi* ou droit de percevoir les fruits.

Quand plusieurs personnes ont ces pouvoirs en commun sur une même chose, on dit qu'il y a *indivision*.

§ 2. — *Objet de la propriété.*

La propriété a pour objet :

1° La *chose* elle-même, à laquelle il faut rattacher le *produit* qui n'en est qu'une partie détachée extraordinairement ;

2° Les choses distinctes qui s'y ajoutent de manière à ne faire qu'un avec elle et dont l'incorporation à la chose a reçu le nom d'*accession*. Les différents cas d'accession ne sont que l'application d'un certain nombre des principes dans lesquels il ne faut voir qu'une extension de l'idée de propriété :

1° Le lit d'un cours d'eau est la propriété des riverains ;

2° La propriété d'un fonds de terre entraîne celle des constructions et des plantations qui sont faites à la surface, que le propriétaire du sol et celui des matériaux soient la même personne ou deux personnes différentes ;

3° On ne doit pas séparer d'un meuble ce qui s'y trouve incorporé par un certain travail.

4° Le mélange ou la confusion de choses appartenant à deux propriétaires a pour résultat une mise en commun.

§ 3. — *Sanction de la propriété. La revendication et son extension.*

La propriété est protégée par une action spéciale dont l'application a été élargie en même temps que la notion de la propriété elle-même.

1° A la propriété *quiritaire* correspond la *revendication*. C'est l'action donnée au propriétaire qui ne possède pas pour obtenir la remise ou la restitution de ce qui lui appartient. Elle est accordée contre toute personne qui retient indûment la chose entre ses mains. Le défendeur qui succombe est tenu de restituer la chose plus ses accessoires, fruits, produits, dégradations, sauf le privilège reconnu au possesseur de bonne foi. L'accomplissement de cette restitution est assuré, en dehors d'une exécution *manu militari*, par la caution que doit fournir le défendeur au commencement du procès, et par une condamnation en argent dont le demandeur fixe lui-même le montant.

2° La propriété *bonitaire* a pour sanction la *Publicienne*. Cette action a été introduite pour le cas où la chose est enlevée irrégulièrement au possesseur qui en avait commencé l'usucapion et lui permet par avance de se la faire rendre comme si le délai légal était expiré. Elle produit les mêmes effets que la revendication dont elle n'est qu'une extension prétorienne.

3° La propriété de *droit des gens* est garantie par une *revendication « utile »*, c'est-à-dire introduite au moyen d'une fiction dans un but d'utilité pratique. De même que pour la Publicienne, il n'y a entre cette revendication et la véritable d'autre différence que la facilité plus grande avec laquelle elle peut être intentée.

IV. — L'Extinction de la propriété

La propriété est de sa nature perpétuelle et ne sort en principe d'un patrimoine que pour entrer dans un autre. Par suite, à la différence des autres droits réels, elle ne s'éteint point par non usage et ne peut être conférée pour un temps limité. Les seules modes d'extinction proprement dits sont la destruction de la chose, son abandon et la perte de la possession dans le cas exceptionnel où cette perte entraîne en même temps celle de la propriété (animaux sauvages, prisonniers de guerres, etc.)

V. — LA POSSESSION.

La possession donne lieu aux mêmes questions que la propriété, mais la solution en est à beaucoup d'égards différente.

§ 1. *Acquisition de la possession.*

Dans quelque circonstance que la possession soit réalisée, elle ne s'acquiert que par la réunion de ses deux éléments, l'animus et le corpus. Le *corpus* peut être obtenu par l'intermédiaire de n'importe quelle personne. Il n'y a que l'*animus* du mandataire qui puisse remplacer celui de l'acquéreur lui-même. Il résulte toutefois de cette double règle que l'on peut posséder par autrui.

§ 2. *Effets de la possession.*

1° *Pouvoirs que la possession confère.* Par le seul fait qu'il a la chose entre les mains, le possesseur est à même d'en jouir et de la conserver tant qu'un tiers n'en a pas établi à son profit la propriété. Accompagnée de certaines circonstances, telles que la bonne foi ou le juste titre, la possession produit encore des effets complémentaires : l'acquisition de fruits, l'usucapion, etc.

2° *Sanction de la possession.* Le possesseur, même non propriétaire, est garanti contre l'enlèvement violent, la soustraction clandestine ou la résistance d'un précariste. S'il est privé de la chose dans l'une de ces circonstances, le préteur lui donne un recours spécial appelé *interdit* qui répond à l'action possessoire du droit français et grâce auquel il peut, à son choix, ou bien se dire simplement troublé, et en conséquence agir seulement pour faire cesser le trouble, ou bien se reconnaitre dépossédé, et agir pour recouvrer la possession. A la différence de la revendication ou voie pétitoire qui peut être intentée contre toute personne, l'interdit n'est possible que contre l'auteur de l'enlèvement violent, clandestin ou par abus de précaire, mais il n'exige pas la preuve de la propriété par le demandeur.

3° *Perte de la possession.* — La possession cesse quand l'un des deux éléments qui la composent, *corpus* ou *animus*, est perdu. Exceptionnellement, la possession d'un immeuble qui ne s'acquiert que par la réunion de ces deux éléments se conserve par le seul *animus* tant qu'un tiers ne s'est pas emparé de la chose.

VI. — Les démembrements de la propriété

§ 1. *Origine et nature des nouveaux droits réels.*

1° Les différents pouvoirs que confère le droit de propriété peuvent être séparés les uns des autres et répartis entre plusieurs personnes. Ce sont les droits réels autres que la propriété. Répondant à une conception juridique déjà plus complexe, ils n'apparaissent dans le droit romain que postérieurement à cette dernière. Les plus anciens ont été reconnus par le droit civil, les plus récents, par le droit prétorien. Tous sont de même nature que la propriété dont ils constituent les démembrements.

2° De même que la propriété, les droits réels qui en dérivent sont susceptibles d'une manifestation extérieure. C'est la quasi-possession qui est pour ces droits ce que la possession proprement dite est pour la propriété : méconnu par le droit civil, le principe en a été consacré et organisé par le droit prétorien. Elle se décompose également en deux éléments :

Le *corpus* qui existe pour chacun de ces droits chaque fois qu'une personne est à même de l'exercer :

L'*animus* en vertu duquel celui qui exerce le droit réel prétend en être véritablement titulaire.

3° Les démembrements de la propriété consacrés par le droit civil, sont les servitudes personnelles et les servitudes prédiales. Les premières sont établies au profit d'une personne, les secondes au profit d'un fonds, c'est-à-dire de tous ses propriétaires successifs. Comme ils ne sauraient constituer plus de droit que la propriété elle-même, dont ils ne sont qu'une partie, ils permettent au titulaire d'accomplir des actes sur la chose, mais non d'exiger des services de son propriétaire, ce que l'on exprime en disant que pour ce dernier, toute servitude consiste à souffrir, à laisser faire, mais jamais à faire.

§ 2. *L'usufruit et les autres servitudes personnelles.*

L'usufruit est le droit, pour une personne, d'user et de jouir de la chose d'autrui, à la condition de ne pas en diposer. Il porte indistinctement sur les meubles et les immeubles.

1° *Aquisition de l'usufruit.* L'usufruit s'acquiert par les modes translatifs de propriété, mais tous ne lui sont pas applicables, et il faut distinguer, à cet égard, les différentes périodes du droit romain.

Le *droit civil* admet la *cessio in jure*, l'adjudication et le legs.

Le *préteur* y ajoute la prescription et la quasi-tradition. Il permet de plus l'usufruit sur les fonds provinciaux.

Justinien réunit les deux catégories de modes.

L'usufruit peut être aussi retenu par l'aliénateur de la propriété.

2° *Effets de l'usufruit.* 1. L'attribution de la jouissance à l'usufruitier lui permet d'user de la chose et d'en percevoir les fruits, mais ne lui donne aucun droit sur les produits. Il est libre d'en jouir par lui-même ou par autrui.

2. En droit pur, l'usufruitier n'est astreint, comme tel, à aucune obligation spéciale, parce qu'il n'existe aucun lien de droit entre lui et le nu-propriétaire, et qu'ils sont juridiquement étrangers l'un à l'autre. Plus tard, le préteur lui imposa la promesse de traiter la chose avec le soin d'un propriétaire diligent. Mais l'usufruitier en était tenu à raison de son engagement personnel et non de sa qualité d'usufruitier.

3. L'usufruit fait naître deux actions différentes qui n'étaient, dans le principe, que les deux faces d'une action unique. L'action confessoire est donnée à l'usufruitier pour faire constater l'existence de son droit, l'action négatoire est donnée au propriétaire servant pour faire établir la liberté de sa chose. Toutes deux demeurent soumises aux règles de la revendication et reçurent du préteur une extension semblable à celles des autres actions réelles.

3° *Extinction de l'usufruit.* L'usufruit prend fin par la mort de l'usufruitier, sa *capitis deminutio*, le terme, le non-usage, la perte et sa transformation de la chose et enfin par la consolidation, c'est-à-dire la réunion entre les mêmes mains de la qualité d'usufruitier et de nu-propriétaire.

4° *Quasi-usufruit.* — Pour étendre l'application de l'usufruit, les jurisconsultes imaginèrent différentes combinaisons destinées à constituer une jouissance viagère appelée quasi-usufruit sur des choses qui n'étaient point susceptibles d'un usufruit véritable. Ce sont :

Les choses consomptibles. Le quasi-usufruitier en devient propriétaire, afin de pouvoir les consommer, mais à charge d'en restituer pareilles quantité et qualité.

Les choses incorporelles, telles que servitudes, créances. Le droit est transmis à celui qui doit en jouir temporairement et il s'engage à l'abandonner en cas de mort ou de *capitis deminutio*.

A partir du moment où toute espèce de biens put être l'objet d'un usufruit, véritable ou non, le patrimoine tout entier devint susceptible de se décomposer en usufruit et en nue-propriété, et certaines personnes eurent sur les biens d'une autre un usufruit légal ou testamentaire.

5° *L'usage.* — L'usage est le droit d'user d'une chose sans pouvoir en disposer ni en percevoir les fruits. Pour qu'il ne fût pas complètement illusoire dans certains cas, on finit par y reconnaître un usufruit restreint aux besoins de l'usager et de sa famille. A la différence de l'usufruit, l'usage est indivisible.

L'habitation est un droit d'usage spécial établi sur une maison.

§ 3. — *Les servitudes prédiales.*

Les servitudes prédiales ou réelles sont des droits établis sur un fonds au profit d'un autre fonds. De même que l'usufruit, elles permettent à leur titulaire d'accomplir des actes de maître sur les choses qui en sont l'objet. A la différence de l'usufruit, elles ne peuvent exister que dans l'intérêt du fonds dominant et se transmettent avec lui à tous ses propriétaires successifs. Elles se divisent en deux catégories, dont la première est de beaucoup antérieure à la seconde : les servitudes prédiales *rurales* au profit d'un fonds non bâti, les servitudes prédiales *urbaines* au profit d'un fonds bâti. Les premières sont *res mancipi*, les secondes *res nec mancipi*. Les unes et les autres sont indivisibles en ce sens qu'elles ne peuvent être constituées ni au profit ni à la charge d'une portion indivisible d'immeuble.

1° *Acquisition des servitudes prédiales.* — Les servitudes prédiales sont constituées de la même manière que l'usufruit; de plus les servitudes prédiales rurales, en leur qualité de *res mancipi*, peuvent être établies directement au moyen d'une mancipation.

2° *Effets des servitudes.* — 1. Le propriétaire du fonds dominant a le droit d'accomplir tous les actes qu'exige l'exercice de la servitude prédiale. Il consistera, si c'est une servitude rurale, dans certains faits de l'homme, tels que le puisage, le passage, et, si c'est une servitude urbaine, dans l'établissement d'un certain état de lieu comme l'absence de construction, etc. 2. Dans aucun cas le propriétaire dominant n'est astreint aux obligations que le préteur impose à l'usufruitier. 3. Les servitudes prédiales ont pour conséquence une action confessoire et une action négatoire semblables à celles qui résultent de l'usufruit.

3° *Extinction des servitudes prédiales.* — Les servitudes prédiales s'éteignent comme l'usufruit par la renonciation, le non-usage, la perte ou la transformation de la chose et la confusion ou réunion des deux fonds entre les mains du même propriétaire. Établies a perpétuité, à la différence de l'usufruit, elles ne cessent ni par la mort, ni par le *capitis deminutio*, ni par l'arrivée du terme ou de la condition.

§ 4. — *Les droits réels prétoriens.*

Le préteur reconnaît trois droits réels différents de la propriété. Les deux premiers se distinguent par leur objet, le dernier par la nature du pouvoir reconnu au titulaire.

1. La *superficie* est le droit de jouir à perpétuité ou à très long terme d'une construction élevée sur le terrain d'autrui. Elle se constitue, en exécution d'une convention à titre gratuit ou onéreux, au moyen d'une quasi-tradition. A la différence de la

propriété, qui porte tout à la fois sur le dessous et sur le dessus, elle n'a pour objet, ainsi que son nom l'indique, que la surface. Mais, à part cette circonstance, les droits du superficiaire sont ceux d'un propriétaire ordinaire.

2. L'*emphytéose* est le droit reconnu au fermier dans un bail perpétuel ou à très long terme. De même que la superficie, elle résulte d'une quasi-tradition, mais porte sur le fonds tout entier et ne laisse à son propriétaire, en dehors de la redevance, qu'un droit de retour éventuel.

3. L'*hypothèque* a pour objet de garantir un créancier au moyen d'un droit exclusif sur une chose. Elle consiste dans une délégation partielle de l'*abusus*, c'est-à-dire du *jus alienandi*, pour le cas où il ne serait point remboursé à l'échéance. L'étude en sera faite à propos des sûretés qui garantissent le remboursement.

§ 5. — *La quasi-possession.*

L'acquisition, les effets et la perte de la quasi-possession sont soumis aux mêmes règles que ceux de la possession proprement dite. Les interdits qui la sanctionnent s'appellent interdits quasi-possessoires.

LIVRE II

LES OBLIGATIONS

Les droits personnels ou d'obligation sont ceux en vertu desquels un créancier peut exiger de son débiteur, non seulement une abstention, mais encore un fait positif, tel que la remise d'une chose ou l'accomplissement d'un service. De même que les droits réels démembrés de la propriété, et pour le même motif, ils n'ont pas été reconnus dès l'origine.

Il y a lieu de rechercher, pour les droits personnels comme pour chacun des droits réels, comment ils naissent, quels effets ils produisent, et de quelle manière ils s'éteignent.

I

SOURCE DES OBLIGATIONS

Les sources des obligations sont au nombre de quatre et se groupent en deux catégories :

1° Les contrats, auxquels se rattachent les quasi-contrats ;

2° Les délits, dont ne se séparent point les quasi-délits.

I. — CONTRATS.

§ 1. *Origine des contrats.*

Le contrat est une convention, c'est-à-dire un accord de volontés, ayant pour objet de faire naître une ou plusieurs obligations. Avant d'employer les contrats véritables, les Romains ne connurent que des opérations au comptant ou des engagements pour l'avenir, ayant pour sanction unique la religion, l'opinion publique ou la note censoriale. Ce qui retarda la reconnaissance des contrats, c'est que, ne concevant pas qu'en dehors des droits de famille, une personne pût avoir un pouvoir sur une autre, on ne trouva pas d'abord le moyen de contrainte dont le créancier devait être investi à l'égard du débiteur ; mais il y eut à cet égard un progrès continu depuis le contrat primitif jusqu'aux contrats variés et perfectionnés de la dernière époque.

On ne reconnut d'abord que des contrats *unilatéraux* qui obligeaient seulement l'une des parties.

Plus tard, apparurent les contrats *synallagmatiques*, dans lesquels les deux parties étaient également tenues, soit toutes les deux immédiatement, soit l'une d'elles immédiatement et l'autre dans l'avenir.

Les contrats unilatéraux, plus simples et plus anciens, constituent les contrats de *droit strict*, susceptibles seulement d'une *exécution littérale*. L'action qui en garantit l'exécution se nomme *condictio*.

Les contrats synallagmatiques forment les contrats *de bonne foi*, dont le juge doit rechercher avant tout l'esprit. Ils ont pour sanction une action *bonæ fidei*.

Plus tard, on distingue si le contrat était principal ou accessoire, à titre gratuit ou onéreux, etc.

§ 2. *Théorie générale des contrats.*

La validité du contrat était subordonnée à des conditions générales de fonds et à l'emploi d'une forme déterminée.

Les progrès de la science juridique eurent pour résultat de développer les conditions de fonds et de simplifier au contraire les conditions de forme ; mais ces deux transformations s'accomplirent simultanément, et ce sont les contrats dont la théorie était le plus simple, dont la conclusion était, au contraire, le plus difficile.

Les conditions de fonds exigées par la théorie générale du contrat sont, outre la capacité, le consentement, l'objet, et plus tard, dans les contrats synallagmatiques parfaits, la cause.

L'*objet* des contrats doit être possible, licite, déterminé ou déterminable. Sa nature entraîne celle de l'obligation, qui, selon son objet, sera certaine ou incertaine, de genre ou de corps certain, ou consistera à *dare, facere, præstare.*

On appelle *cause* la raison directe de l'obligation. Indispensable dans les contrats synallagmatiques, où l'une des deux obligations ne peut pas naître sans l'autre, elle est au contraire inutile, en principe, à la validité des contrats unilatéraux : mais celui qui est devenu créancier, sans cause licite, est contraint de renoncer au bénéfice de sa créance en tenant quitte son débiteur.

Les conditions de *capacité* générale ont été déterminées par l'étude des personnes. Il existe, de plus, une capacité spéciale à certains contrats, qui sera exposée à propos de chacun d'eux.

Il n'y a pas *consentement* lorsque l'une des deux parties repousse les offres de l'autre, ou quand il y a désaccord entre elles sur la nature, l'objet et les modalités du contrat. Quant aux circonstances, telles que le dol et la violence, qui, sans détruire le consentement, ont néanmoins pour effet de le vicier, il n'en est tenu aucun compte en droit civil dans les contrats de droit strict ; mais le préteur vient au secours de la victime par l'un des moyens qui lui sont propres : exception, action, *restitutio in integrum*.

Au point de vue de la manière dont les contrats se forment, il faut distinguer, d'une part, le *nexum*, et de l'autre, les contrats verbaux, littéraux, réels et consensuels.

§ 3. *Nexum*

Le débiteur se donne en *mancipium* au créancier et celui-ci s'engage en conscience à ne pas appliquer ce pouvoir tant qu'il n'en a pas besoin pour se faire payer ; mais s'il n'est pas remboursé à l'époque convenue, il use de son droit en s'emparant de la personne et des biens du débiteur. Ce procédé avait l'inconvénient de livrer le débiteur à la discrétion de son créancier et ne pouvait s'appliquer qu'à des engagements unilatéraux. Il disparut dès que fut imaginé le second moyen.

§ 4. *Contrats verbaux.*

Sponsio et *Stipulatio*. — 1° Ce fut dans le principe une cérémonie religieuse applicable aux relations internationales et aux rapports de famille, avant de l'être aux engagements civils. Le débiteur n'aliène plus sa personne, mais promet de payer, et c'est seulement quand il manquait à sa parole qu'il était attribué au créancier comme un délinquant. Ce procédé avait sur le précédent l'avantage de laisser le débiteur provisoirement libre, en droit comme en fait, et de permettre des engagements synallagmatiques au moyen de deux stipulations réciproques ; 2° à l'époque où la stipulation fut considérée comme un contrat civil, elle se forma par une interrogation du créancier suivie d'une réponse conforme du débiteur : 3° elle avait pour sanction une action dite *condictio ex stipulatu* dont les adoucissements de la procédure atténuèrent les plus rigoureux effets ; 3° pendant longtemps le seul contrat reconnu, elle demeura jusqu'à la fin le contrat de droit commun, et même, dans le dernier état de droit, c'est à ce moyen qu'il fallait recourir ordinairement pour les promesses à titre de donation, les cautionnements, les engagements imposés par le magistrat, comme celui qu'il exige de l'usufruitier, etc.

A côté et à l'image de la stipulation, le droit romain admit bientôt deux autres contrats qui se formaient également par la prononciation de paroles déterminées :

1° Le *dictio dotis*, ou promesse de donner une chose à titre de dot ;

2° Le *jusjurandum liberti*, au moyen duquel un affranchi promettait à son patron des services déterminés en retour de sa liberté.

§ 5. *Contrats littéraux.*

Le contrat *litteris* est un contrat également unilatéral, ayant pour objet une somme d'argent. Il se forme par l'inscription que le créancier porte sur un livre de comptes appelé *codex*, avec le consentement du débiteur. Son avantage sur la stipulation est de pouvoir se conclure à distance. D'abord employé pour donner une sanction civile à des engagements qui n'avaient d'autre garantie que la bonne foi des parties, il servit aussi plus tard à faire naître des obligations de toute pièce.

§ 6. *Contrats réels.*

I. Les contrats réels se forment par la seule remise de la chose que le débiteur est tenu de restituer. Leur admission fut un nouveau pas dans la voie de simplification qui avait été ouverte par la stipulation, puisque l'unique condition qui s'ajoute à la volonté est, non une solennité exigée arbitrairement, mais une opération commandée par la nature même des choses. Le *mutuum* est encore de même nature que la stipulation. Les trois autres contrats réels : gage, dépôt, commodat, inaugurent, au contraire, la série des contrats synallagmatiques.

II. Le *mutuum* est un contrat par lequel une personne remet en propriété à une autre une certaine quantité de choses fongibles à charge d'en rendre pareille quantité et qualité. Il est soumis à une condition de capacité spéciale depuis le S. C. Macédonien, qui défend aux fils de famille de se porter emprunteurs dans un mutuum d'argent. Il a pour sanction une action de droit strict la *condictio ex mutuo*, à laquelle le défendeur peut opposer certaines fins de non-recevoir spéciales, telles que l'*exceptio non numerata pecuniæ* et l'*exceptio S. C. Macedoniani*. Il sert en principe à réaliser un placement; mais l'emprunteur ne doit les intérêts qu'à la condition de les avoir promis par stipulation.

III. Les trois derniers contrats réels présentent, avec le *mutuum*, la double différence qu'ils ne donnent lieu à aucune translation de propriété, et que la restitution doit par suite s'effectuer en nature. L'*accipiens* est obligé dès la réception de la chose, dont il lui est demandé compte au moyen d'une action appelée *directa*, le tradens n'est responsable que si cette chose a causé du dommage ou des dépenses, et l'action dont il est passible éventuellement, se nomme *contraria*. Comme tous les contrats synallagmatiques, ces trois derniers contrats réels sont toujours de bonne foi.

1. Le *commodat* est le prêt à usage (action *commodati*).

2. Le *dépôt* a pour objet la garde de la chose. Il présente plusieurs variétés dont la principale est le dépôt irrégulier, dans lequel le dépositaire est exceptionnellement autorisé à s'acquitter en équivalent (action *depositi*).

3. Le *gage* est un contrat accessoire destiné à garantir l'exécution d'un contrat principal (action *pignoratitia*).

§ 7. *Contrats consensuels.*

Les *contrats consensuels* réalisent le dernier développement donné à la théorie des contrats, par la simplicité de leur formation, qui résulte du seul consentement. C'est la vente, le louage, la société et le mandat. Les trois premiers sont des contrats synallagmatiques parfaits.

1° *Vente.* — 1. La vente est un contrat par lequel une partie s'engage à fournir une chose, et l'autre partie un prix. On peut vendre toute espèce de choses qui se trouvent dans le commerce, à l'exception des faits, mais le prix doit consister en une somme d'argent. 2. Le vendeur est tenu de conserver la chose jusqu'au terme, de la livrer et de garantir l'acheteur tant contre l'éviction que contre les vices graves et cachés. Ces obligations ont pour objet, les unes l'action *venditi*, et les autres l'action *empti*. 3. Il peut être convenu que la vente sera mise à néant dans certains cas, tels que la survenance d'un acheteur préférable, ou le reméré, mais cette convention ne reçut d'exécution véritable qu'à partir du moment où fut organisée la théorie des conditions résolutoires, dont l'étude a sa place parmi les modes d'extinction.

2° *Louage*. — C'est le contrat par lequel une personne promet à une autre de la faire jouir temporairement d'une chose ou de lui rendre un service contre une somme d'argent. Il en résulte deux espèces de louages : 1° Le louage de choses, dont le colonat partiaire et l'emphytéose constituent une application spéciale ; 2° le louage de service. Elles donnent lieu à l'action *locati* et à l'action *conducti*.

3° La *société* suppose que deux ou plusieurs personnes s'engagent à mettre quelque chose en commun pour en obtenir un avantage et se le partager. Les obligations qui en résultent sont garanties par l'action *pro socio*.

4° Par le *mandat* une personne en charge une autre, qui accepte, d'accomplir pour elle certains actes, sans lui payer de salaire, mais en l'indemnisant de toutes ses dépenses. Le mandataire est tenu de s'exécuter et de rendre compte par l'action *mandati directa*. Le mandant est passible de l'action *mandati contraria*.

§ 8. *Pactes.*

Toute convention tendant à faire naître des obligations, qui n'a point été passée au moyen de la stipulation ou qui ne rentre pas dans l'un des contrats qui en sont dispensés, constitue un *pactum nudum* dépourvu d'action, aussi bien en droit prétorien qu'en droit civil. Toutefois, l'idée de plus en plus reconnue que la volonté est une cause suffisante d'obligation finit par faire consacrer quelques-uns de ces pactes. Ce sont :

1° Les *contrats innomés*. — Ce sont toutes les conventions synallagmatiques satisfaisant aux principes généraux des contrats, mais ne rentrant dans aucun d'entre eux. Par imitation de contrats réels, les jurisconsultes firent prévaloir le principe que la partie la plus diligente pouvait contraindre l'autre à s'exécuter à son tour, et ils lui donnèrent une action créée dans un autre but, mais qui parut convenir à ce cas et appelée, à cause d'une particularité de procédure, l'action *praescriptis verbis*. Les principaux contrats innomés sont :

l'échange, la transaction, l'*estimatum*, la donation avec charge, et le précaire, qui constitua longtemps un arrangement spécial avant de devenir un contrat.

2° Les *pactes légitimes* ou promesse à titre gratuit, consacrés par les empereurs à raison des circonstances ou à cause des garanties qu'offrent certaines formalités spéciales, comme l'insinuation. Ils engendrent une *condictio ex lege*.

3° Les *pactes prétoriens*, c'est-à-dire revêtus d'une action par le préteur. C'est le *pacte de serment*, le *receptum arbitrii* ou promesse de se constituer arbitre d'un différend, et surtout le *constitut*, par lequel une personne promet d'acquitter à jour fixe une obligation préexistante et qui est muni d'une action dite *de constituta pecunia*.

4° Les *Pactes adjoints*. — Pendant longtemps les effets des contrats étaient réglés à l'avance d'une manière invariable. Mais on finit par pouvoir les modifier, à la condition de le faire immédiatement, au moyen de clauses accessoires appelées pactes adjoints *in continenti*. Cette innovation, admise d'abord pour les contrats de bonne foi, fut étendue ensuite aux contrats de droit strict. Le pacte adjoint était garanti par l'action même du contrat auquel il se rapportait.

§ 9. *Quasi-contrats*.

Les quasi-contrats sont des faits licites autres que des conventions auxquels la loi finit par attacher des obligations pour un motif d'équité ou d'intérêt général. De même que les contrats, sur le modèle desquels ils ont été organisés, ils engendrent des rapports unilatéraux ou synallagmatiques, et l'action dont ils sont munis est calquée sur celle du contrat véritable avec lequel ils ont le plus d'affinité

1. Les quasi-contrats qui engendrent des rapports unilatéraux et par conséquent de droit strict sont :

1° Le legs dit *per damnationem*, etc., garanti par une *condictio ex testamento* ;

2° L'enrichissement sans cause licite dont la restitution se poursuivait au moyen de la *condictio sine causa*. Le principal exemple en est la réception de l'indû dont la *condictio indebiti* assure la restitution.

II. Les quasi-contrats d'où résultent des rapports synallag-matiques d'ailleurs toujours imparfaits sont :

1° La *gestion d'affaire* organisée à l'imitation du mandat et produisant comme lui une action *directa* et une action *contraria* ;

2° La tutelle et la curatelle, l'indivision, le remploi de la dot par le mari, etc.

III. On peut encore rattacher à la théorie des quasi-contrats l'obligation de représenter une chose dans certains cas variés, et à laquelle une action appelée *ad exhibendum* sert de sanction uniforme.

II. — Des délits.

Dans le droit romain primitif comme dans toutes les anciennes sociétés, les délits donnaient lieu au droit de vengeance privée, qui aboutissait au talion. Cette pratique demeura toujours théoriquement en vigueur pour les crimes contre l'État, et c'est en s'améliorant qu'elle donna naissance aux peines variées encore en usage dans les législations modernes. Pour les délits contre les particuliers, le talion fut remplacé de bonne heure par une *composition* en argent, analogue à celle des lois barbares, et qui aboutissait à une amende à la charge du délinquant et au profit de la victime. D'abord facultative, dans le système des Douze Tables, l'acceptation du rachat devint obligatoire et, à partir de ce moment, le délit rentra parmi les sources d'obligations, mais on en excepta, à la fin, les plus graves qui furent assimilés aux délits contre l'État à cause des troubles qu'ils apportaient dans la société, et, en consé-quence, frappés de véritables peines.

§ 1. *Délit proprement dit.*

I. Les délits donnent lieu comme les contrats à une théorie générale et à des règles spéciales à chacun d'eux.

Pour qu'il y ait délit il faut un acte illicite dommageable accompli en connaissance de cause et reconnu comme délit par la loi.

II. Les différents délits se ramènent à quatre types :

1° Le *furtum*, qui répond à peu près au vol du droit français et qui provoque une répression plus ou moins sévère selon qu'il est manifeste ou non. Il produit *l'action furti*.

2° La *rapina*, qui est le vol avec violence. L'action correspondante est l'action *vi bonorum raptorum*.

3° Le *damnum injuria datum* réprimé par une loi Aquilia. Il consiste dans tout dommage au patrimoine d'autrui, qui n'a pas, comme le vol, le lucre pour objet. Il donne lieu à l'action *legis Aquiliæ*.

4° L'*injuria*, dans laquelle on comprend toute marque de haine ou de mépris, consistait en faits défendus tels que coups, diffamation, etc., La répression en était assurée par l'*actio injuriarum*.

§ 2. *Quasi-délits.*

Les *quasi-délits* sont aux délits ce que les quasi-contrats sont aux contrats. Ce sont des faits dont la répression a suivi celle des délits, qui satisfont aux conditions générales de ces derniers, mais qui diffèrent plus ou moins de chacun d'eux. Les actions qui en naissent sont semblables à celles qui résultent des délits, de même que les actions résultant des quasi-contrats sont analogues à celles que produisent les contrats. Parmi les plus importants, il faut citer :

1° Le *dol*, qui fait naître une action *de dolo*, entraînant l'infamie pour le condamné ;

2° La *violence* qui donne lieu à l'action *quod metus*, d'où résulte, pour le défendeur qui succombe, une condamnation au quadruple.

§ 3. *Effets des délits et des quasi-délits.*

Toute action résultant d'un délit et d'un quasi-délit est soumise à certaines règles établissant autant de différences entre les obligations provenant des deux dernières sources, et celles qui ont leur cause dans un contrat ou un quasi-contrat. Un esclave ou un impubère en peuvent être tenus : elles ne s'éteignent point par le *capitis deminutio*, etc. Il importe toutefois de distinguer entre elles deux grandes catégories : les actions persécutoires de la peine, et les actions persécutoires de la chose.

1° Les actions persécutoire de la *peine* sont celles qui tendent à faire payer au délinquant la composition pécuniaire dont il est tenu envers la victime. Elles présentent les particularités suivantes :

S'il y a plusieurs auteurs ou complices, chacun d'eux en est passible pour le tout.

Elles s'éteignent par la mort, de même que l'action publique moderne.

Lorsque le délinquant est une personne *alieni juris*, elles donnent lieu à l'*abandon noxal*. C'est une extradition du coupable que doit consentir le chef de famille à la victime, pour que celle-ci puisse satisfaire son droit de vengeance ou se payer, par l'imposition d'un travail forcé, de la composition à laquelle elle a droit. Par une survivance remarquable des institutions primitives, l'idée en était appliquée aux dommages causés par les animaux (action *de pauperie*) et même par les choses inanimées (cas de la *cautio damni infecti*).

2° Les actions persécutoires de la *chose* ont pour but, non la punition du coupable, mais la restitution de l'enrichissement illégal. Elles répondent à peu près à l'action civile du droit français et n'offrent aucune des particularités précédentes.

Une même action peut être tout à la fois persécutoire de la peine et de la chose ou bien pénale à l'égard du défendeur seulement. Ces actions mixtes se comportent en principe comme les actions exclusivement pénales.

III. — DES OBLIGATIONS NATURELLES

Malgré la facilité de plus en plus grande avec laquelle les obligations prirent naissance, il en demeura cependant toujours un certain nombre dont l'équité réclamait, mais dont la loi n'accorda jamais la reconnaissance. Ce sont les obligations naturelles qui sont aux obligations civiles ce qu'est la propriété bonitaire par rapport à la propriété quiritaire. Toutefois il existe entre les deux cette différence que la propriété quiritaire finit par absorber la bonitaire, tandis que les obligations natu-

relles demeurèrent toujours très inférieures aux obligations
civiles.

II

EFFETS DES OBLIGATIONS

I. — LA NÉCESSITÉ D'EXÉCUTER.

L'effet de toute obligation est la nécessité où se trouve le
débiteur d'accomplir le paiement, auquel il est contraint par des
moyens qui ont varié avec la procédure d'exécution.

§ 1. *Le paiement.*

A l'époque où la théorie du paiement fut définitivement
établie, il n'était valable qu'à certaines conditions relatives au
créancier, qui doit être capable, au débiteur, qui doit de plus
être propriétaire, et enfin à la chose elle-même, qui doit être
fournie telle qu'elle a été promise. On appelle *dation en paiement* la substitution d'une chose à l'autre, avec le consentement
du créancier. Le paiement d'une obligation naturelle ne peut
jamais être imposé par voie d'*action*.

Le débiteur manque à son obligation d'acquitter la dette à
l'échéance dans deux cas, le retard ou *mora* et l'inexécution.

§ 2. *La mora.*

La *mora* n'existe qu'après une mise en demeure contenant
sommation de payer. Elle a pour effet de mettre les risques à
la charge du débiteur ou de faire courir les intérêts, selon la
nature de l'obligation. Il peut y avoir aussi *mora* du créancier,
quand il refuse ou rend impossible par sa faute un paiement
régulier.

§ 3. *L'inexécution.*

Si l'obligation n'est suivie d'aucune exécution par le dol ou
la faute du débiteur, il demeure responsable, mais cette responsabilité varie selon la nature de la faute et celle du contrat. C'est
ainsi que dans le contrat de bonne foi il répond même de sa

faute légère ou seulement de sa faute lourde, selon qu'il était intéressé ou non dans la convention.

Les *dommages-intérêts* dus en cas d'exécution tardive ou d'inexécution totale comprennent le gain manqué et la perte éprouvée par une conséquence directe de l'inexécution. Dans les obligations de sommes d'argent, l'indemnité est représentée par les intérêts légaux.

§ 4. *Les garanties contre l'insolvabilité.*

Le paiement forcé peut être empêché par les difficultés de la procédure d'exécution, l'aliénation que consent le débiteur et de nouvelles dettes qu'il contracte. Deux espèces de sûretés garantissent le créancier contre ce triple danger.

1. Une *sûreté réelle.* — Elle consiste à donner au créancier, sur une chose déterminée, un droit de vente exclusif, de suite et de préférence. Mais l'attribution de cette faculté rencontrait un obstacle dans la règle que c'est au propriétaire seul qu'il appartient de disposer. Trois moyens furent successivement employés à ce résultat :

1° L'*aliénation fiduciaire* par laquelle le débiteur transfère sa chose au créancier à condition qu'en cas de paiement à l'échéance, il lui en sera fait retranslation ;

2° Le *gage*, d'où il ne résulte, à l'origine, qu'un droit de rétention :

3° L'*hypothèque* qui consiste en une délégation conditionnelle du *jus alienandi* pour le cas où l'échéance de la dette ne serait pas suivie de paiement. Elle présente sur l'aliénation fiduciaire l'avantage de ne pas livrer le débiteur à la discrétion du créancier, et sur le gage celui de laisser la chose entre les mains de ce débiteur qui continuera à pouvoir en user.

D'abord conventionnelle, l'hypothèque finit par résulter encore de la loi ou d'un jugement.

Le créancier hypothécaire, qui n'est point remboursé à l'échéance, peut se faire remettre la chose afin d'être en état d'en disposer par tradition pour se payer ensuite sur le prix. A cet effet, le préteur lui accorde deux actions :

L'action *hypothécaire*, qui est pour l'hypothèque ce que la revendication est à la propriété ;

L'*interdit Salvien* qui suppose le créancier déjà nanti de la chose et sert à lui en conserver la possession dans le cas spécial d'un bail ferme.

De même que les autres voies possessoires, l'interdit Salvien n'est possible que contre l'auteur d'un enlèvement irrégulier ; mais par compensation, il n'exige pas la preuve d'un droit légalement constitué.

Il ne faut pas confondre avec l'hypothèque le *privilège*, qui n'est à Rome qu'un simple droit de préférence accordé à un créancier ordinaire sur les autres.

II. Une *sûreté personnelle* ou cautionnement. Elle figure parmi les modalités des obligations et sera examinée en même temps que les autres.

§ 5. *La protection contre la fraude.*

L'*Action Paulienne*, ainsi nommée du préteur qui l'a introduite, est donnée aux créanciers pour faire tomber les actes accomplis par leur débiteur à leur détriment. Elle suppose le préjudice, la fraude, et, si l'acte est à titre onéreux, la collusion du tiers avec lequel il a été passé. Son résultat est de faire cesser, au profit des créanciers, les conséquences de l'acte frauduleux.

II. — Personnes entre lesquelles se produisent les effets des obligations.

§ 1. *Les contractants.*

En principe, les effets des obligations sont rigoureusement personnels à ceux qui ont figuré dans l'acte. C'est ce qu'on exprime en disant que nul ne peut *stipuler* ou *promettre* pour un tiers. Cette règle s'applique même à celui qui intervient pour le compte d'autrui à titre de *mandataire*, parce que les contrats, de même que la plupart des autres actes juridiques, ne se prêtent pas, en principe, à la représentation. Mais il ne faut pas considérer le chef de famille comme un tiers dans le contrat passé par son fils ou son esclave, etc. Les créances lui profiteront d'après le droit civil lui-même, et les dettes demeureront à sa charge dans certains cas déterminés par le préteur qui le rend passible des actions dites *adjectitiæ qualitatis*.

§ 2. *Les cessionnaires.*

Une fois nées au profit ou à la charge d'une personne, les obligations ne peuvent être transportées à une autre, parce qu'elles constituent un rapport entre le créancier et le débiteur et que, dans les idées romaines, on ne pourrait changer l'un des deux termes de ce rapport, sans le détruire par cela même. Toutefois, la pratique imagina un moyen d'opérer une *cession de créance* à partir du moment où la représentation fut admise en justice. Le créancier donnait *mandat* au cessionnaire de poursuivre le recouvrement, en l'autorisant à garder pour lui ce qu'il obtiendrait, et ce mandat finit par être dispensé des règles du mandat ordinaire, qui en auraient pu gêner l'application. Le même procédé fut appliqué à la *cession de dettes.*

III. — Les modalités des obligations.

Les effets ordinaires des obligations sont modifiés plus ou moins profondément par les modalités dont elles peuvent être accompagnées. Ces modalités se répartissent en un certain nombre de groupes.

§ 1. *Modalités relatives au moment de l'exécution.*

Elles consistent en un événement futur avant lequel le paiement ne peut être poursuivi.

Le *terme* est un événement certain qui tient en suspens seulement l'exigibilité.

La *condition* est un événement incertain qui suspend l'existence même de l'obligation. Il en résulte que le paiement fait par erreur avant l'arrivée de la condition peut être rejeté, que le créancier n'est jamais contraint de le recevoir, que l'obligation conditionnelle déplace le fardeau des risques, etc.

§ 2. *Modalités tenant à l'objet.*

Quatre circonstances influent sur l'objet, et, par suite, sur les effets de l'obligation.

— 58 —

1° *L'indivisibilité*. C'est l'état d'une chose qui, à raison de sa nature, ne peut être fournie partiellement, telle qu'une servitude, un fait en général, etc. Par la force même des choses, la totalité de la dette peut être alors poursuivie par chacun des créanciers, ou contre chacun des débiteurs, entre lesquels elle ne se divise pas comme à l'ordinaire.

2° La *stipulatio pœnæ*. On appelle ainsi une stipulation accessoire et conditionnelle, par laquelle le créancier se fait promettre quelque chose, par exemple une somme d'argent, pour le cas où la première dette ne serait pas acquittée à l'échéance. Elle a pour effet que, si l'obligation principale est de droit strict, le créancier ne peut plus poursuivre que le paiement de la peine convenue.

3° *L'alternativité*. Elle a lieu lorsque deux ou plusieurs choses sont dues, de telle sorte que le paiement d'une seule éteigne l'obligation.

4° La *facultas solutionis*. Ce qui la distingue de l'alternativité, c'est qu'une seule chose est due, mais que le débiteur peut s'acquitter en en fournissant une autre.

§ 3. *Modalités relatives aux personnes.*

Au lieu d'un seul créancier et d'un seul débiteur, certaines modalités comportent soit plusieurs créanciers, soit plusieurs débiteurs, soit l'un et l'autre à la fois.

1. La *pluralité de créancier* est réalisée par l'*adstipulation*. C'est une stipulation accessoire, par laquelle un second créancier s'adjoint au premier, avec le consentement de celui-ci, bien qu'il n'y ait jamais qu'une seule chose due, et par suite un seul paiement. Elle fut imaginée pour permettre au créancier principal de se faire remplacer en justice par le créancier accessoire, lorsque la représentation directe n'était pas encore admise.

Il ne faut pas confondre l'adstipulation avec l'*adjectio solutionis gratia*, qui n'est que la désignation d'un tiers entre les mains duquel le débiteur peut s'acquitter, mais qui ne peut disposer de la créance.

II. La *pluralité de débiteurs* est obtenue par l'*adpromission* ou cautionnement.

Elle consiste dans une promesse accessoire que fait une personne de payer à défaut d'une autre, et représente la contre-partie de l'adstipulation.

Il y en eut trois espèces successives, dont la dernière ou *fidéjussion*, qui s'accomplit au moyen d'une stipulation ordinaire, survécut seule jusqu'à la fin. Indépendamment des inconvénients propres à la stipulation, elle présentait encore celui que, à raison de l'unité d'objet, la poursuite contre l'un éteignait en même temps le droit contre l'autre. Aussi y ajoute-t-on deux autres procédés d'un emploi plus commode.

1° Le *mandatum pecuniæ credendæ*, dans lequel le garant s'engageait, comme par un mandat ordinaire, en chargeant le créancier de traiter avec le débiteur.

2° Le *constitutum debiti alieni*, qui n'est qu'une application particulière du constitut.

Dans chacun de ces trois cas, le garant jouissait, dans ses rapports avec le créancier, de trois bénéfices introduits successivement : le bénéfice de cession d'actions pour assurer son recours contre le débiteur, le bénéfice de division pour faire répartir la poursuite entre lui et les autres, quand il y en avait plusieurs; enfin le bénéfice de discussion par lequel il contraignait le créancier à s'adresser d'abord au débiteur principal.

III. Le moyen de réaliser à volonté la *pluralité de créanciers ou de débiteurs* est fourni par la *corréalité*. Elle existe quand une même chose est due à plusieurs ou par plusieurs, de telle sorte qu'un seul paiement éteigne l'obligation à l'égard de tous. C'est en principe au moyen de la stipulation qu'elle peut être convenue. Bien que cette modalité ne fasse présumer légalement aucun rapport juridique déterminé entre les différents créanciers ou les différents débiteurs, elle ne se conçoit néanmoins que si ces personnes sont déjà unies par un lien de société ou autre. Les effets de ce rapport s'ajoutent alors à ceux de la corréalité, mais en demeurent cependant absolument distincts en droit.

La corréalité est *active* lorsqu'il y a plusieurs créanciers. Chacun d'eux peut alors disposer de la créance tout entière et n'a de compte à rendre aux autres qu'à raison de la société.

La corréalité est *passive* lorsqu'il existe, au contraire, plusieurs débiteurs, tel qu'acheteurs en commun, etc. Chacun d'eux peut alors être poursuivi pour le tout, et c'est également à raison de la seule société qu'il peut se faire indemniser par les autres.

Ce qu'on appelle *solidarité* est une corréalité soumise à des règles moins strictes qui, selon les uns, représente une nouvelle modalité et, d'après les autres, n'est que l'ancienne corréalité transformée dans le sens de la bonne foi.

III

EXTINCTION DES OBLIGATIONS

Une obligation n'est pas appelée à durer indéfiniment parce qu'elle n'a aucune raison d'être lorsque le créancier a obtenu satisfaction. Mais l'extinction n'en est possible que par l'application de certains procédés dont le nombre, comme ceux des contrats, alla toujours en s'augmentant, et on peut les ranger sous un petit nombre de catégories.

I. — LA REMISE DE DETTE.

En principe le débiteur ne cessait d'être tenu que si le créancier abandonnait le droit qui lui appartenait. Mais cet abandon comme la constitution du droit lui-même, ne peut avoir lieu que selon certaines formes, et le principe qui domine toute cette matière, est qu'un droit ne peut cesser que par une cause semblable, mais contraire, à celle qui lui a donné naissance, ce que les Romains expriment par cet adage : *Quæ jure contrahuntur contrario jure pereunt.* Par application de cette idée :

1° Le *Nexum* formé au moyen d'une mancipation ne cesse que par une autre mancipation dans laquelle le créancier abandonne ses droits par l'airain et la balance, comme ils lui avaient été constitués ;

2° Le contrat verbal de *stipulation* et les autres contrats qui se forment par l'échange de paroles déterminées sont détruits au moyen de l'*acceptilation* qui, dans le fond, comme dans la forme, est une contre-stipulation détruisant les effets de la première;

3° L'obligation issue du contrat littéral est anéantie par une contre-écriture;

4° La renonciation aux contrats réels se fait par la restitution de la chose;

5° Les contrats consensuels, formés par la simple volonté ou *mutuus consensus* prennent fin également par la volonté contraire ou *mutuus dissensus*.

Quand ces formes n'ont pas été observées, la renonciation du créancier n'est qu'un simple *pacte de remise* qui laisse subsister l'obligation en droit civil, mais dont le préteur assure l'observation par une exception.

II. — Satisfaction reçue par le créancier.

A l'origine le *paiement* n'assurait pas de plein droit l'extinction de la dette, mais donnait simplement un titre au débiteur pour obtenir sa libération au moyen d'un procédé de la première catégorie. Il en fut de même plus longtemps de la *dation en paiement*, qui, dans une opinion très soutenue à Rome, ne fournit même jamais au débiteur que le moyen d'une exception. Quant à la *compensation*, elle n'a point figuré à Rome parmi les modes d'extinction et on ne put s'en prévaloir que par un moyen de procédure.

III. — La transformation de l'obligation.

Il fut admis d'assez bonne heure qu'une obligation pouvait être remplacée par une autre, de telle sorte que le fait qui donnait naissance à la seconde amenait l'extinction de la première. Cette opération peut être utile quand les deux obligations diffèrent l'une de l'autre par les parties, l'objet, etc.

Les moyens de droit qui servent à opérer la transformation sont :

1° La *stipulation* de la chose due, qui détermine la *novation* proprement dite. L'application la plus originale en est la délégation et la stipulation aquilienne appliquée aux droits litigieux ;

2° Les *litteræ* par lesquelles on annule une obligation littérale pour donner naissance à une autre de même nature ;

3° Le *constitut*, quand il est convenu que l'obligation dont on promet par ce moyen d'acquitter le montant, ne pourra plus être réclamée ;

4° La *litis contestatio*, c'est-à-dire le recours en justice, qui éteint l'ancien droit, en ce sens qu'on ne peut plus l'invoquer sous sa première forme, et qui en crée un nouveau par la faculté qu'acquiert le demandeur d'obtenir condamnation contre son adversaire.

IV. — L'IMPOSSIBILITÉ D'EXÉCUTION.

L'obligation disparaît encore lorsque l'exécution, dans les conditions primitivement convenues, en devient impossible. Ce résultat se produit dans trois cas.

1° *Perte fortuite de la chose.* — Celui qui doit un corps certain cesse d'être tenu quand ce corps certain est détruit sans sa faute ; mais l'autre partie, quand le contrat est synallagmatique, n'est point pour cela dégagée de ses obligations.

2° *Concours de deux causes lucratives.* — Quand une même chose est due, à titre gratuit, par deux personnes, l'exécution en nature de la première obligation, rendant l'autre désormais sans objet, en amène par cela même l'anéantissement.

3° *Confusion* entre le créancier et le débiteur, etc. C'est ce qui arrive, par exemple, lorsque l'un hérite de l'autre, ou qu'ils meurent tous deux laissant un héritier commun.

V. — L'ÉTAT DES PARTIE.

Le caractère personnel du lien d'obligation entraînait rigoureusement deux conséquences qui ont fini par s'atténuer considérablement, avec le progrès de la science juridique à Rome.

1° A l'origine, les obligations avaient un caractère essentiellement viager et s'éteignaient par la *mort* du créancier ou du débiteur. Plus tard, il fut admis que les créances ou les dettes se divisaient au contraire de plein droit entre les héritiers ; mais il subsista quelques applications exceptionnelles de l'ancienne règle, par exemple, à l'action d'injures et à toutes les actions pénales qui demeurèrent jusqu'à la fin intransmissibles contre les héritiers du débiteur.

2° A la mort naturelle l'ancien droit assimilait la mort civile résultant de la *capitis deminutio*. Mais l'effet extinctif en fut limité aux dettes, et le préteur accorda aux créanciers la *restitutio in integrum*.

<h3 style="text-align:center">VI. — LE DÉLAI</h3>

Comme les obligations ne naissaient point par le laps de temps ou l'arrivée d'un événement déterminé, le droit primitif n'admettait ni terme extinctif, ni condition résolutoire, ni prescription extinctive, mais ce principe finit par fléchir en droit civil, aussi bien qu'en droit prétorien.

1° En droit prétorien, l'arrivée du *terme extinctif*, autorise le débiteur à repousser la poursuite des créances au moyen d'une exception.

2° Une *condition résolutoire* véritable put être insérée dans les contrats consensuels par la combinaison du double principe qu'ils se dissolvent, comme ils se forment, par le seul consentement, et que les pactes accessoires à un contrat, produisent un effet de plein droit. Il suffisait d'adjoindre au contrat consensuel un pacte résolutoire, et la condition suspensive de ce pacte devenait la condition résolutoire du contrat. En dehors de ce cas, le débiteur a encore à sa disposition le secours prétorien de l'exception.

3° Avant même l'époque classique, certaines actions civiles ou prétoriennes ne pouvaient plus être intentées après le délai d'un an. La *prescription* édictée au Bas-Empire par Théodose le Jeune, pour toutes les actions, personnelles aussi bien que réelles, réduisit au délai de trente ans les obligations autrefois perpétuelles.

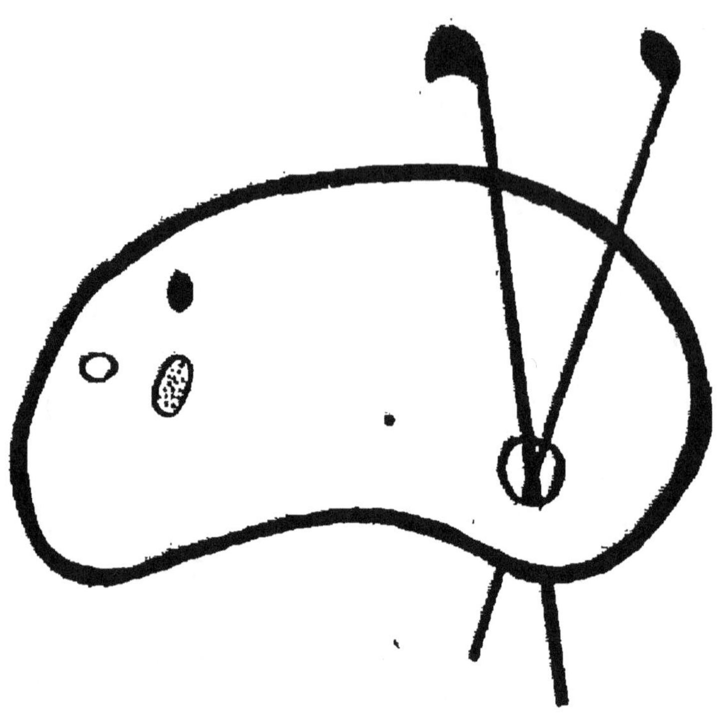

ORIGINAL EN COULEUR
N° Z 43-120-3